Achtsame Gedanken für
GÄRTNER

Titel der Originalausgabe: *Mindful Thoughts for Gardeners*

Postbus 72, 5330 AB Kerkdriel, Niederlande

Verlegerin: *Susan Kelly*
Kreativdirektor: *Michael Whitehead*
Lektoratsleiter: *Tom Kitch*
Artdirector: *James Lawrence*
Cheflektorin: *Monica Perdoni*
Verantwortliche Redakteurin: *Jenny Campbell*
Lektorin: *Jenni Davis*
Illustrator: *Lehel Kovacs*

Übersetzung aus dem Englischen:
Michaela Back, Wien
Redaktion und Satz der deutschen Ausgabe: Print Company
Verlagsges.m.b.H., Wien

Printed in China

ISBN: 978-94-6359-164-5

Achtsame Gedanken für GÄRTNER

Mit dem Bewusstsein verwurzelt

Clea Danaan

Librero

Inhalt

EINLEITUNG

Die Nachricht des Gartens

Ein Garten ist ein ganz besonderer Ort. Für viele ist ein Garten der Ort, an dem sie zu sich nach Hause kommen – wenn wir unsere Hände in die kühle Erde tauchen, der Duft von Rosmarin und Minze in der Nase, wissen wir, wer wir sind. Egal ob der Garten Heimat von Lebensmitteln, Blumen oder Kakteen ist, er verbindet uns mit unserem Körper, unserem Herz und unserer unendlichen Seele. Wir gehen eine Beziehung mit Millionen von Lebewesen ein. Inmitten dieses komplexen Tanzes treten wir ein in eine achtsame Gegenwart. Wir sind im Hier und Jetzt, spüren diesen Atem, schmecken das saftige Grün. Unsere Herzen brauchen grüne, wachsende Pflanzen, um sich gesund und stark zu fühlen. Und dabei geht es nicht nur darum, sein

Gemüse zu essen, sondern es auch anzupflanzen. Denn es fühlt sich einfach gut an, von Pflanzen umgeben zu sein. Und wenn du sie selbst anpflanzt, dann erwächst eine ganz eigene Beziehung zwischen dir und den Pflanzen.

Lokale und frische Lebensmittel zu beziehen ist ein Akt der Gegenwart und Verantwortung. Seine eigenen Lebensmittel zu produzieren ist das Beste für dich und den Planeten. Produziere ein bisschen mehr und du kannst diese Freude mit anderen teilen. Egal, ob du nur ein kleines Töpfchen mit Kräutern, oder ein ganzes Feld bepflanzt: Achtsamkeit im Garten erfüllt die Seele spirituell und schenkt emotionale Gesundheit.

Und ein Garten ist so viel mehr als nur die Pflanzen, die ihn bewohnen. Ein Garten beherbergt Nährstoffe und Erde, Bienen und Regenwürmer, Wasser und Licht. Wenn wir beginnen, den Garten zu erfahren, und auch uns selbst zu erfahren, dann sehen wir, wie unendlich und komplex der Garten wirklich ist. Wir sehen uns selbst als Teil des größeren Ganzen. Wir sehen, wie unsere Handlungen Teile dieses Ganzen beeinflussen und wie sie schlussendlich uns selbst beeinflussen. So gesehen ist der Garten ein Lehrer, der Mitgefühl und ein tiefes Verständnis lehrt. Er lehrt Weisheiten, die wir nur im Tun erlernen können – Bücher können uns hingegen etwas über den Garten lehren. Wir wollen auf den folgenden Seiten also über alle Aspekte des Gartens nachdenken, inklusive der Aspekte, die der Gärtner in sich selbst trägt.

Dieses Buch ist kein Anleitung, obwohl du vielleicht ein paar neue Ideen finden wirst. Vielleicht betreffen manche Ideen deinen Garten nicht, weil du vielleicht mehr Rosen anpflanzt als ich oder in einer anderen Klimazone lebst. Aber die Nachricht des Gartens ist weltweit dieselbe. Die Pflanzen und die Wesen, die ihn unterstützen, bitten um nicht mehr als Respekt und Pflege. Sie sehen deine Probleme nicht und beurteilen dich nicht nach ihnen. Sie laden sich ein, eine Beziehung mit ihnen einzugehen. Gärten reflektieren unsere Natur: Sie leben, suchen nach Licht und hoffen auf die Zukunft, aber sie sind nicht gebunden. Vielleicht können auch die Gedanken in diesem Buch dich dazu einladen, zu atmen, dich zu strecken und zu dir selbst zu finden.

Der Anfänger-Geist

Wenn wir daran denken, wie ein Kleinkind den Garten erfährt, dann kann es uns dabei helfen, das buddhistische Konzept des Anfänger-Geistes zu verstehen – ein Geist, der ohne Vorurteile ist. Eines Tages im Sommer, als meine Tochter gerade zehn Monate alt war, konnte ich sie nirgendwo finden. Unser Haus ist recht klein, also waren alle Zimmer schnell durchsucht und ich umso verwirrter. Die Hintertür

war offen, aber sie konnte noch nicht gehen und hatte Probleme, von Erhöhungen herunter zu krabbeln. Umso überraschter war ich also, als ich sie am Ende des Gartens fand – sie war einen weiten Weg gekrabbelt –, wo sie vor einem Urwald aus Tomatenpflanzen saß. Später sah ich, wie sie dorthin gelangt war: Sie musste auf Händen und Füßen gekrabbelt sein, ihre Knie waren nicht verletzt. Sie war und ist ein sehr entschlossenes Kind.

Ich sah ihr dabei zu, wie sie eine große, grüne Tomate pflückte, hineinbiss, ihr Gesicht verzog, die Tomate wegwarf und zur nächsten krabbelte. In diesem Jahr lagen viele angebissene, grüne Tomaten auf meinem Komposthaufen. Ich war etwas genervt davon, aber ich bewunderte auch ihre Entschlossenheit und Neugier. Ich fand es faszinierend, dass sie nicht nur wusste, wie sie in den Garten krabbeln konnte, sondern auch wusste, dass man diese Pflanzen theoretisch essen konnte. Sie überarbeitete ihre Theorie nur nicht, egal wie bitter und ungenießbar die Tomaten waren. Oder vielleicht war es auch gar nicht ihr Ziel, Tomaten zu essen, sondern nutzte einfach jede Gelegenheit, die sich ihr bot.

Meine Tochter war also mit einem Ziel oder einer Idee auf den Garten zugegangen, aber auch mit einem offenen Geist, einem Anfänger-Geist. Jede Tomate war eine neue Möglichkeit. Ich ging mit einem Ziel in den Garten, sie fand nur zufällig eine Tomate und biss hinein.

EIN OFFENER GEIST

Um als Gärtner erfolgreich zu sein, müssen wir immer lernen. Wir lesen Blogs oder Bücher oder besuchen sogar Kurse. Ich habe zum Beispiel gerade erst gelernt, dass man die ersten Paprika einer Pflanze abzwicken muss, damit eine Generation an größeren Paprika wachsen kann. Und jetzt, da ich diese Information habe, werden meine Paprika viel größer. (Und ich habe mich immer gewundert, warum sie so winzig waren!)

Wenn wir uns unserem Garten aber mit Achtsamkeit nähern wollen, dann müssen wir das Konzept des Anfänger-Geistes im Auge behalten. Natürlich haben wir Pläne und Ziele, aber jeder Garten, jede Pflanze, jede Blume, ist neu. Sie haben noch nie existiert. Genauso wenig, wie dieser Moment. Wir sind in diesem Moment Anfänger. Wenn wir eine Aufgabe mit einem offenen Geist betrachten, dann sind wir in einem Zustand, der sich „ursprünglicher Geist nennt", ein Konzept, das nur schwer mit Worten zu fassen ist. Wir und die Paprikapflanze existieren im Hier und Jetzt. Im Anfänger-Geist befreien wir uns von dem Bedürfnis, etwas erreichen zu müssen. Wir können in eine grüne Tomate beißen, einfach, weil sie gerade da ist.

BEGRENZT UND GRENZENLOS

Und das ist die Frage: Können wir sowohl Pläne als auch einen offenen Geist bewahren? Grenzen sind wichtige, gesunde Teile unseres Lebens. Aber wir können auch in ihnen gefangen sein, den Garten vor lauter Paprikapflanzen nicht sehen. Unser Geist wird anspruchsvoll, wir sind gefangen in unseren eigenen Anforderungen. Der Anfänger-Geist hilft uns, diese Grenzen abzuwerfen, und grenzenlos zu werden. Wir sind also begrenzt und gleichzeitig grenzenlos.

Meine Tochter hatte einen Plan, unabhängig davon, ob sie sich dessen bewusst war, oder nicht: Sie wollte lernen. Der menschliche Geist hat ein Bedürfnis danach, zu lernen und zu wachsen. Es ist ein wichtiger Teil dessen, was uns ausmacht. Dieses Bedürfnis die Welt zu erfahren sollte aber nicht auf Kosten unserer Ruhe, unserer Achtsamkeit erfüllt werden, die uns im Einklang mit uns selbst halten. Wir können die Tomatenpflanze sein, die sich in die Erde streckt, um Nährstoffe aus ihr zu ziehen, und sich zur Sonne reckt, um Licht zu bekommen, aber trotzdem mit sich selbst eins ist. Auf diese Art ist unser Geist frei und bereit, die Grenzen und die Grenzenlosigkeit zu erfahren.

Samen:
Versprechen und Hoffnung

Ein Samen ist der Inbegriff von Hoffnung. Ein Samen enthält Lebenskonzentrat. Alles, was eine Pflanze braucht, um zuerst in die Dunkelheit und dann ins Licht zu gehen, ist in einem Samen. In diesem kleinen Köfferchen der Samenschale liegt eine kleine Wurzel, ein kleiner Sprössling, und all die Nährstoffe, die der Spross braucht, um mit dem Leben zu beginnen. Und er weiß instinktiv, was zu tun ist.

Als Gärtner sehen wir Samen als kleine Gebete und Versprechen davon, was kommen wird. Wir essen Samen täglich: Reis, Weizen, Sonnenblumenkerne, Erbsen, Bohnen, Erdnüsse, Sesam … Manche Samen sind schwerer zu verdauen als andere, denn Samen wollen nicht verspeist werden, sie wollen leben. Manche Körper können bestimmte Samen gar nicht verdauen: Mein Körper liest Gluten als Gift, also kann ich weder Weizen noch Roggen essen. Vielleicht ist das häufige Vorkommen von Allergien eine Nachricht der Erde an uns, sodass wir Samen mehr respektieren. Wir sollten sie nicht als gegeben sehen, sie nicht mit Gift bespritzen, sie nicht modifizieren.

WELCHE SAMEN SIND IN DEINER NÄHE?

Samen sind überall um uns herum. An meinem Bürofenster hängt eine Samenkugel für die Vögel. Die Meisen und Hausgimpel die jeden Tag zu dieser Samenkugel kommen, respektieren die Samen. Den Meisen beim Picken der Samen zuzusehen ist meditativ. Ein gefederter Gentleman landet auf dem Draht, der über meiner Terrasse gespannt ist, und zwitschert über seine Umgebung. Gelassen fliegt er zum Vogelhäuschen, sieht sich kurz um und pickt sich dann einen einzelnen Samen heraus. Er flitzt in die Krone des Holunderstrauches, entfernt die harte Schale mit seinem Schnabel und verspeist den reichhaltigen Samen. Er reibt seinen Schnabel an einem Ast, zwitschert kurz zu seinen Freunden – oft kommen sie in kleinen Grüppchen – und fliegt wieder zum Vogelhäuschen, um sich noch einen Samen zu holen.

Wo ich sitze, kann ich sogar im Winter im Vogelhäuschen Samen finden, aber das sind sicherlich nicht die einzigen in meiner Umgebung. Auf dem Regal neben mir sehe ich einen Sack Sonnenblumensamen, die für das Vogelhäuschen bestimmt sind. Über mir hängt ein kleiner Kürbis, den ich mir aufgespart habe, denn er ist voll mit Samen, die ich im Frühjahr anpflanzen möchte. Auf der Veranda sehe ich ein paar Lindensamen, die der Herbst dorthin getragen hat. Ich sehe ein paar Hagebutten auf dem braun gewordenen Wildrosenstrauch im Garten. Und nicht weit von mir, in der Küche, finde ich eine Unmenge an verschiedenen Samen in Form von Gewürzen, Getreiden und Müslis. Samen sind überall, denn sie bedeuten Leben, Nährstoff, Versprechen und Hoffnung. Sieh dich um. Welche Samen sind in diesem Moment in deiner Nähe?

NICHT NUR EINE METAPHER

Für einen Gärtner der schon einmal Samen gepflanzt hat, bedeuten Samen ein aufregendes Erlebnis. Auf Samentauschbörsen kann ich mir mein Lächeln nicht verkneifen, wenn ich durch das Angebot meiner Freunde stöbere. Wenn ich im Frühjahr die ersten Samenpäckchen im Supermarkt finde, erfüllt mich ein Glücksgefühl, und es ist mir egal, was andere darüber denken. Nur wenige Dinge machen mich glücklicher. Samen bedeuten Frühling, das Arbeiten im Garten. Für Menschen, die nicht einfach durch einen Supermarkt schlendern können, oder nahe eines Gartenzentrums wohnen, sind Samen noch aufregender. Für einen Bauern in Malawi oder im ländlichen Indien bedeuten Samen, dass ihre Kinder noch ein Jahr leben werden. Für sie sind Samen nicht nur eine Metapher.

Und das gilt eigentlich für uns alle. In entwickelten Gesellschaften vergessen wir oft, wie sehr Samen unser Leben bedingen und formen. Das ist der Grund, warum es weltweit Samenbanken gibt, die seltene Samen und Pflanzen sammeln und sie für die Nachwelt aufbewahren. Syrische Landwirtschaftsforscher haben 2015 die ersten Samen aus dem Weltweiten Samen-Tresor Svalbard, auch Weltuntergangsbunker genannt, geholt. Die Samen wurden in Marokko und im Libanon gepflanzt, nachdem dürreresistente Weizenarten durch die Syrien-Konflikte zerstört wurden. Wir alle sind insofern vereint, als dass wir auf Samen angewiesen sind. Indem du Samen pflanzt, groß ziehst und schützt wirst du zu einem Teil in diesem Netz, das über alle kulturellen Barrieren hinausgeht. Die Samen, die uns am Leben erhalten, brauchen uns, um dasselbe für sie zu tun.

Erde:
eine komplexe Beziehung

Auch wenn wir sie manchmal „Dreck" nennen oder unreine Dinge als „dreckig" bezeichnen, brauchen wir Erde für unser Überleben. Pflanzen können zwar in kontrollierten Hydrokulturen wachsen, aber die meisten Lebensmittel und so gut wie alle Pflanzen, die unseren Sauerstoff produzieren, leben in der Erde. Schwarze, humusreiche Erde, roter, schwerer Ton, staubiger, hellbrauner Schlamm: Erde hat viele Formen, die davon abhängen, wo du lebst. Du kannst die Geschichte der Erde riechen, wenn du ein bisschen davon durch deine Hände fließen lässt. Metalle und Steine riechen streng und würzig, und der süße Geruch von reicher, feuchter Erde kommt von all den Bakterien, die in ihr leben. Kleine Stückchen von organischem Material, die sich in der Erde langsam zersetzen, wie zum Beispiel kleine Blätter, geben Erde diesen feuchten Moosgeruch des Waldes. Überreste von Pilzen geben einen ganz eigenen Geruch ab. Erde, die lange nicht behandelt wurde und zu nass ist, kann einen unangenehmen Geruch haben, weil sie zu wenig Sauerstoff hat. Was sagt dir der Geruch deiner Erde über deine Heimat und dein Klima? Welche Bilder und Assoziationen hast du, wenn du an der Erde riechst?

Als Gärtner können wir ein tieferes Verständnis für das Gärtnern entwickeln, wenn wir uns näher mit der Erde, in der unsere Pflanzen wachsen, beschäftigen. Sie ist nicht nur Dreck, sondern eine faszinierende Symbiose von Mikroben, Käfern, Mineralien, Pflanzen und sogar uns selbst. Diese Beziehungen ganz bewusst zu verstehen führt uns in unsere eigene, reiche Dunkelheit. Die Erde zu fühlen, zu riechen und vielleicht sogar zu schmecken lässt unseren Körper tiefer in die Erde sinken, wir fühlen uns selbst mit ihr verwurzelt. Wir spüren die Komplexität von Leben und Erde und Gefühl und Verfall, die wieder zu Wachstum und Leben führen. Wir spüren, wie diese Pole miteinander verbunden sind, wie dicht das Netz dieser Beziehungen ist.

DEN TANZ DES LEBENS NÄHREN

Wenn wir einen kleinen Samen in die Erde drücken, pflanzen wir ein Gebet. Wir bitten die Erde den Samen des Lebens zu schützen und zu nähren. Dann schwingen wir unseren Zauberstab – die Art, aus der Wasser kommt – und flüstern einen Zauberspruch, der unserem Samen das Wachsen erleichtern soll, sodass wir Salat ernten können, oder eine Suppe auf unseren Tisch kommt. Wir beten: *Wachse!* Die Erde nimmt den Samen in ihre nährende Dunkelheit auf und wenn das Leben aus der Samenschale herausbricht und das erste Mal den endlosen Himmel sieht, ruft die Erde: *Ja!* Die

Wurzeln halten sich an kleinen Steinchen fest, die Erde umarmt sie. Sie bejaht das Leben des Sprosses, hält ihn beständig in Raum und Zeit. Vorsichtig unterstützt sie ihn mit Nährstoffen und Wasser in genau der richtigen Menge. Langsam wird der Spross zu einem kleinen Pflänzchen, schließlich zu seiner Pflanze, die Früchte tragen wird. All dieses Wachstum ist bedingt durch die Erde, die die Wurzeln beherbergt.

Wir nähren den Tanz des Lebens, wenn wir einen Garten pflegen. Indem wir Kompost, Dünger und andere Nährstoffe in die Erde führen, sorgen wir für einen Lebensraum für Bakterien, Pilze und Würmer. Das wird schließlich dazu führen, dass unserer Arbeit größere Systeme entwachsen, denn die Erde nährt Pflanzen, Pflanzen ernähren Tiere und auch uns Menschen.

Die nährstoffreiche Erde, zusammen mit den Mineralien, die schon auf diesem Planeten waren, bevor das Leben begann, sorgen dafür, dass dein Samen wächst. Wie eine Mutter ihr Kind umsorgt die Erde den Samen. Und als Kind der Erde wird der Samen aufspringen und die Pflanze wird größer und stärker und wird tief in dieses Netzwerk unter sich hineinwachsen. Nur mit viel Unterstützung ist die Pflanze in der Lage, hoch hinauf zu wachsen, bis zum Himmel. Und schließlich wird die Pflanze sterben und selbst Teil dieses Kreislaufes werden.

Wenn du eine Karotte aus der Erde ziehst, sie reinigst und an deinen Nachbar weitergibt, dann bist du Teil des unendlichen Kreislaufes, der in der Erde beginnt.

Vielleicht fühlen auch wir diese Unterstützung der Erde, wenn wir an diesem Kreislauf teilnehmen. Die Erde hält und erhält uns. Sie nährt unsere Lebensmittel, die schließlich unsere Körper nähren. Sie nimmt an, was wir ihr geben, und schenkt uns dafür das Grün. Denn in der komplexen Dunkelheit der lebenden Erde beginnt die Reise, und unsere Reise endet auch in ihr, sodass schließlich auch unsere Körper Teil dieses Kreislaufes werden.

Regenwürmer:
die Alchemisten der Unterwelt

Die Gesundheit der Erde hängt davon ab, wie gut sie den Tod verarbeiten kann. Die Dekompositionsrate von Erde, also die Transformation von toten Pflanzen und Käfern in Nährstoffe, bestimmt die Gesundheit der Erde und damit ihre Fähigkeit, neues Leben zu unterstützen. Es ist schwer für uns, diesen Prozess zu sehen, denn diese Prozesse sind klein, und so viel langsamer, als wir Menschen es gewohnt sind. So sehr Erde also eine Sache ist, so sehr ist es auch ein Lebewesen, das gewissen Prozessen, das Veränderung unterliegt. Einer der wichtigsten Faktoren dieses Prozesses ist der

Regenwurm, der sich durch die feuchte Dunkelheit bewegt und organisches Material in Erde verwandelt.

Hast du jemals einen Regenwurm aus der Erde gezogen und wieder abgesetzt und dann zugesehen, wie er sich wieder den Weg in die Erde sucht? Ich frage mich dabei, was genau er sucht, wenn er sich windet und wieder den Weg unter die Erde sucht. Eine Öffnung kann es nicht sein, denn die Erde nimmt den Wurm von überall wieder auf. Ein weicheres Fleckchen? Ein nahrhafteres Fleckchen? Wenn er findet, was er sucht, braucht er nicht viel Kraft, um sich wieder in die Erde hinein zu winden, die doch sehr dicht und stark ist. Es wirkt jedenfalls nicht so, als müsste er sich wieder in die Erde kämpfen, sondern fast so, als würde er selbst zur Erde werden. Und ich habe noch nie einen Regenwurm fressen sehen, jedenfalls nicht so wie eine Raupe, die an einem Blatt knabbert. Ein Regenwurm ist buchstäblich eins mit der Erde, er wird *wieder* zur Erde, wenn er aus unserer hellen, luftdurchdrungenen Welt in die dichte, dunkle Welt zurückkehrt. Der Wurm kann uns einiges beibringen, wenn es darum geht, eins mit seiner Umwelt zu sein, wenn wir frische Luft atmen, die Zehen in die Erde graben und die Sonne auf unsere Haut scheint.

DIE VERWANDELTE ERDE

Auf der Erde hinterlässt der Regenwurm kleine Spuren. Der Wurm ist eigentlich nur Gedärm, ohne weitere Körperhülle, und durchwühlt die Erde als Gedärm, bis sie den Körper am Ende wieder verlässt. So gesehen ist die Erde selbst die Körperhülle des Wurmes, aber auch das, was der Wurm aufnimmt. Und irgendwie ist die Erde, die den Wurm wieder verlässt, auf magische Weise verändert: Sie enthält weniger Gifte und mehr Nährstoffe als Erde, die nicht „gewurmt" wurde.

Manchmal sind Regenwürmer auch zu effektiv. In manchen Wäldern findet man invasive Regenwurmarten, die von Menschen eingeführt wurden (zum Beispiel wenn ein Fischer die nicht verbrauchten Köder achtlos zur Seite wirft) und mehr Blätter fressen, als dem Waldboden gut tut. Baumwurzeln werden so freigelegt, Baumsetzlinge werden von Rehen gefressen und weniger Nährstoffe haben die Möglichkeit, langsam in die Erde zu sinken. Die Spuren, die Würmer hinterlassen, sind gute Nährstoffe; in unserem Garten ernähren sie schnell wachsende Pflanzen wie Petunien und Kohl. In einem langsam wachsenden Wald müssen diese Nährstoffe aber langsam in die Erde absinken, weswegen Laub nicht zu schnell zersetzt werden darf.

GEDANKEN ÜBER DEN WURM

Ein Regenwurm ist also die Verkörperung von Transformation, aber er lässt uns auch darüber nachdenken, dass Transformation im richtigen Maße zur richtigen Zeit stattfinden muss. Wir können von ihm lernen, dass wir die Welt um uns herum aufnehmen, und mit Weisheit und Nährstoffen ausstatten können, sodass wir uns eine Umwelt schaffen, von der wir selbst profitieren können. Wir können auch lernen, dass Veränderung manchmal langsamer stattfinden muss, als es uns vielleicht lieb ist. Um Gift zu verwandeln, braucht es Zeit. Wir brauchen die Unterstützung unserer Umwelt, genauso wie der Wurm das Gewicht der Erde braucht. Wir brauchen das Gute um stärker als das Gift zu sein. Und dann können wir ausstoßen, was wir nicht mehr brauchen. Wir können weitergehen und mit der Welt teilen, was wir gelernt haben, und so vielleicht die Kreisläufe um uns herum unterstützen.

Wenn ich über Würmer nachdenke, denke ich immer an ein Lied aus meiner Kindheit „Hört ihr die Regenwürmer husten?“ Würmer und ihre unbekannteren Freunde, die Nematoden, und andere Mikroorganismen sind die Alchemisten der Unterwelt. Sie nehmen auf, was der Lebenskreislauf nicht mehr unterstützen kann, und verwandeln sie in ein Geschenk des Lebens. Indem wir unsere Würmer unterstützen, nehmen auch wir die Rolle des Alchemisten an. Mit Kompost und Wasser helfen wir dem Prozess der Transformation. Und wir werden mit reicher Ernte belohnt.

Wurzeln:
echte und metaphorische

Als Gärtner beschäftigen wir uns viel mit Wurzeln. Die Pflanzen, um die wir uns kümmern, strecken ihre Wurzeln tief ins Erdreich hinein auf der Suche nach Nährstoffen und Wasser. Indem wir Pflanzen ziehen, helfen wir auch tatkräftig in der Wurzelbildung mit. Viele Menschen die umziehen, fühlen sich mehr wie Zuhause, wenn sie zumindest ein kleines Töpfchen mit Kräutern bepflanzen. Bauern verwurzeln ihre Familien so stark an einen Ort, dass er Teil ihrer Identität wird. Je länger die Pflanze lebt, desto stärker wird das Band, wird die Verwurzelung. Wenn du Spargel, Obstbäume oder Rosen anpflanzt, dann gehst du eine langjährige Verbindung mit einem Ort ein. Wenn du die Erde pflegst, wird sie dich versorgen. Und wenn die Erde Lebensmittel abwirft, wirst du buchstäblich Teil des Ortes, dessen Geschenk du in dir aufnimmst. Diese Verbindung durch Gärten gilt für Pflanzen und Menschen gleichermaßen. Wenn Nachbarn einen gemeinschaftlichen Garten bewirten, schaffen sie sich einen gemeinsamen Raum. Wir finden zusammen, indem wir uns verwurzeln.

EIN NÄHRSTOFFREICHES KRAFTZENTRUM

Wurzeln sind dafür zuständig, eine Pflanze mit Nährstoffen zu versorgen. Kleine Härchen an den Wurzeln strecken sich nach der Erde und nutzen Ionenaustausch um Nährstoffe zu absorbieren. Eine Pflanze, die lange Zeit in der Erde war, hat einen richtigen Bart an Härchen an ihren Wurzeln. All diese Fasern und Fältchen helfen, eine Pflanze mit Nährstoffen und anderen Organismen in der Erde zu verbinden. Ein Funghus-Netzwerk in der Erde kann zusätzlich helfen, Pflanzen gleicher Art besser mit

Nährstoffen zu versorgen. Wenn du einen Pflanze aus der Erde ziehst, brechen viele dieser kleinen Härchen ab und bleiben in der Erde zurück, um dort zu verrotten. Wenn Erde nährstoffarm ist, können die Wurzeln einer Pflanze sogar länger werden, als die Pflanze selbst. Diese Strukturen helfen sowohl der Erde als auch der Pflanze.

Wurzeln saugen nicht nur Nährstoffe auf, sie fungieren auch als Speisekammer der Pflanze. Im Winter lagern Pflanzen Zucker, Stärke und andere Nährstoffe in ihren Wurzeln, während die restliche Pflanze in die Winterruhe geht. Für uns Gärtner bedeutet das zusätzlichen Geschmack in Wurzelgemüse wie Karotten und Kartoffeln, die Frost miterleben. Wir wünschen uns im Herbst und im Winter Wurzelgemüse, weil es reich an Geschmack und Nährstoffen ist, aber auch, weil es uns eine gewisse Verbindung zur Natur gibt, wenn sie im Winter abstirbt. In der traditionellen chinesischen Medizin wird Wurzelgemüse als nahrhaft und ausgewogen angesehen, weil es weder zu reinigend ist, noch zu schwer im Magen liegt. Vielen

Wurzelgemüsesorten wird nachgesagt, den Körper von Giften zu befreien, das Blut zu reinigen und die Verdauung anzuregen.

Die folgenden Gedanken sollen dir helfen, deine eigenen Wurzeln zu finden. Verliere deine Gedanken aber nicht, wenn du mit deinen eigenen Wurzeln tief ins Erdreich abtauchst.

GEDANKEN ÜBER WURZELN

Setz dich an einen Ort, an dem du nicht gestört wirst. Draußen ist es am besten, aber das ist nicht zwingend notwendig. Mit deinem Rücken an einem Baum zu lehnen wäre perfekt um diese Gedanken über deine eigenen Wurzeln zu verfolgen, aber auch drinnen am Boden oder auf einem Sessel zu sitzen ist gut.

Schließe deine Augen und fühle, wie deine Knochen sich in den Boden drücken. Spüre, wie der Boden dagegen anhält. Lass deine Gedanken jetzt unter diese Verbindung, unter dich selbst wandern. Lass dein Bewusstsein in das Erdreich unter dir abtauchen. Spüre die Veränderungen deines Körpers, wenn er sich mit der Energie der Erde verbindet.

Sieh mit deinem inneren Auge den Lebensbaum, ein Baum, dessen Äste in den Himmel emporragen, während seine Wurzeln ihn in der Erde halten. Halte dir dieses Bild vor Augen, bis du selbst zum Lebensbaum wirst. Dein Körper ist der Stamm, deine Äste strecken sich nach der Energie um dich herum und über dir, und deine Wurzeln strecken sich nach der Energie unter dir. Atme einige Momente als Lebensbaum, in der Verbindung von Körper, Erde und Himmel. Atme und vertraue deinen Gefühlen. Du bist in der Erde verwurzelt.

Was fühlen deine Wurzeln? Fühlt es sich gut an, verwurzelt zu sein, oder fühlst du dich gefangen? Kannst du deine energetischen Wurzeln für die Energie der Erde öffnen? Erlaube dir selbst mit der Erde unter dir verbunden zu sein.

Wenn du fertig bist, zieh deine Energie wieder zurück in deinen Körper, aber bleib verbunden mit der Erde. Atme, und komm wieder zu dir.

Die Magie der Fotosynthese

In all den wunderschönen grünen Blättern einer Pflanze passiert Magie. Manche nennen es Wissenschaft, aber Magie spielt definitiv eine Rolle. Lichtphotonen treffen auf Chlorophyll-Moleküle, und das führt zu einer Verkettung von Vorgängen, die der Pflanze Energie in Form von Glukose und dem Nebenprodukt Sauerstoff gibt. Weil Pflanzen diese Technik vor 45 Millionen Jahren entwickelt haben, sind wir heute am Leben. Wir züchten Fotosynthese-Fabriken in unseren Gärten. Egal, ob du Fotosynthese als wissenschaftliches Phänomen oder als Wunder betrachtest, du setzt einen Samen ein, um sie heraufzubeschwören. Ein Garten ist eine Bitte an das Universum, Licht, CO_2 und Wasser in Energie zu verwandeln, durch die wir lachen, tanzen und lieben können. Meistens wird diese Bitte erhört und wir werden mit frischer Luft und Salat belohnt. Ein Wunder!

Pflanzen betreiben Fotosynthese, ohne darüber nachzudenken. Sie versuchen nicht, Zucker zu produzieren, sie tun es einfach. Vielleicht können wir davon lernen: Wir sollten dankbar sein für die Prozesse, die unser Körper ausführt, ohne, dass wir darüber nachdenken müssen. Und dass wir diese Prozesse als Geschenk wahrnehmen. Manchmal fühlen sich diese Prozesse gesund an, nährend sogar. Manchmal fühlen sie sich wie Aufgaben an, denen wir uns nicht gewachsen fühlen, sodass wir Angst und Selbstzweifel erfahren. Wir können uns dann an die Pflanzen erinnern, die Fotosynthese für das Wohl aller betreiben, und wieder dankbar sein für dieses Geschenk.

EINE SACHE DER BALANCE

Fotosynthese ist die Balance zwischen Geben und

Nehmen, etwas, das ich selbst versuche zu lernen. Ich bin ein Mensch, der gibt und habe diese Rolle früh in meinem Leben angenommen. Aber gebende Menschen verausgaben sich schnell, und ohne es mitzubekommen sind sie erschöpft und haben ständig Kopfschmerzen. Pflanzen haben in dieser Sache keine Wahl. Wenn es nicht genug Licht, Wasser oder CO2 gibt, dann können sie weder Zucker noch Sauerstoff produzieren. Sie sind zu Balance gezwungen. Und dasselbe passiert natürlich mit Menschen, nur, dass der Prozess langsamer vonstatten geht. Menschen, die geben und immer mehr geben, fallen Stück für Stück auseinander – aber eben langsam. Unser Körper braucht Pflege und Aufmerksamkeit. Gibt es also eine Möglichkeit, Balance von den Pflanzen zu lernen? Eine Möglichkeit ist es, Pflanzen zu essen, also das Produkt der Fotosynthese buchstäblich in uns aufzunehmen. Viele Pflanzen zu essen ist einer der schnellsten Wege, zu mehr Balance und Gesundheit zu kommen.

Wir sind keine Pflanzen, aber vielleicht können wir mehr Balance erreichen, wenn wir für einen Moment mehr wie eine Pflanze sind. Still zu sitzen, zu atmen, einfach im Moment zu sein. In anderen Worten: Sich in Achtsamkeit zu üben. Wenn wir achtsam sind, dann können wir uns selbst erlauben, wahrzunehmen, was mit uns geschieht. In diesem Zustand können wir sehen, inwiefern wir uns verausgabt haben, wie wir unsere Balance gestört haben, und wieder zu ihr finden. Indem wir unseren Widerstand aufspüren und spüren, können wir beginnen, diesen Widerstand aufzulösen, oder ruhige Schritte in Richtung Veränderung zu machen. Wir suchen nach der natürlichen Balance, die einer Pflanze inhärent ist.

UNSER LICHT AUSDRÜCKEN

Fotosynthese ist Atmung rückwärts. Atmung bedeutet, wieder zu Atem zu kommen. Wir atmen und wir füllen unseren Körper immer und immer wieder mit Geist. Wenn wir achtsam atmen, still sitzend, wie eine

Pflanze, oder atmen während wir durch den Garten gehen, in einer Art gehenden Meditation, reflektieren wir über die natürlichen Prozesse der Energieproduktion und der Transformation von Licht. In spirituellen Schulen verschiedener Kulturen sind auch wir aus Licht, das helle Licht, das in uns leuchtet. Unsere Geschenke in einem Tanz aus Geben und Nehmen auszudrücken ist eine Art, wie wir unser Licht mit der Welt teilen. „Synthese" bedeutet zusammengesetzt, insofern betreiben wir selbst Fotosynthese. Wir setzen Licht zusammen, wenn wir unsere Erfahrungen und Fähigkeiten mit anderen Menschen teilen.

Die Dualität von **Unkraut**

Wir Gärtner nehmen Unkraut dann als am schlimmsten wahr, wenn wir es nicht loswerden können. Die Zaunwinde und der sogenannte Götterbaum zählen zu meinen schlimmsten Feinden in meinem Garten. Sie verbreiten sich auf vielfältige Weisen und wachsen einfach überall. Egal, wie viele von ihnen ich aus der Erde ziehe, es kommen immer wieder welche nach. Ich kann nicht garantieren, dass ich dieses Jahr viel von meinem Gemüsegarten ernten kann, und auch nicht, dass all meine Blumen schön blühen werden. Aber ich bin mir zu 100% sicher, dass dieses Unkraut herrlich gedeihen wird.

Gibt es noch andere Dinge im Leben, auf die wir uns mit solcher Sicherheit verlassen können? Ich glaube, das ist eine Sache von Angebot und Nachfrage. Wir investieren nicht in Unkraut, weil wir wissen, dass es da sein wird. Wir investieren in Aktien, denn ihr Risiko macht sie wertvoll. Warum aber entwerten wir Dinge, auf die wir uns verlassen können? Anstatt sie zu entwerten, habe ich gelernt, den Nutzen einer Pflanze zu sehen, denn sie bietet eine Beziehung, auf die ich mich verlassen kann.

DIE NÜTZLICHKEIT VON UNKRAUT

Welches Unkraut in unserem Garten wächst, sagt uns viel über die Beschaffenheit der Erde, über Mineralien und Nährstoffe, die ihr vielleicht fehlen. Fuchsschwanz, Schachtelhalm und Weiden zeugen von feuchter, sumpfiger Erde. Endivien und Zaunwinden zeugen von verdichteter Erde. Löwenzahn, Königskerze, Schafgarbe und Nesseln zeugen von säurehaltiger Erde, und Feldkresse und Feuernelken basische Erde bevorzugen.

Gärtner können diese Indizien verwerten, und entweder Pflanzen ziehen, die gut auf diesem Grund gedeihen, oder gegen die Erdbeschaffenheit vorgehen.

Ein Grund, warum Unkraut in dieser bestimmten Erdbeschaffenheit wächst, ist, weil es für die Pflanze einfach ist, manchmal aber hilft die Pflanze der Erde auch, diese Herausforderungen zu überwinden. Zaunwinden und Klee brechen zu feste Erde auf. Löwenzahn und Sonnenblumen ziehen Mineralien an die Erdoberfläche und beseitigen überschüssige Mineralien – sie sind dabei so gute Helfer, dass sie auch eingesetzt werden, um Gifte aus der Erde zu ziehen. Und hier können wir auch wieder die dynamische Beziehung zwischen Pflanzen und Erde beobachten. Wir werden daran erinnert, dass Pflanzen nicht nur wachsen, sondern auch eine bestimmte Aufgabe haben, die wir nur ansatzweise verstehen können.

Wir können auch direkt von den Vorteilen des Unkrauts profitieren. Löwenzahn, wenn man ihn ganz verzehrt, ist eine gute Proteinquelle. Er ist außerordentliche nahrhaft, und weil er selbst unter schwierigen Bedingungen gedeiht, könnte er dabei helfen, den Welthunger zu stillen. Das meiner Meinung nach schmackhafteste Unkraut ist die Nessel, die auch eine der nahrhaftesten Pflanzen der Welt ist. Wenn du lernst, wie du das Unkraut in deinem Garten zubereiten kannst, entwickelst du eine ganz neue Beziehung zu deinem Garten.

EINE ACHTSAME DENKWEISE

Dein Verständnis für Unkraut zu verändern ist nur eine Hälfte einer achtsamen Beziehung zu diesen Pflanzen. Wir können uns Unkraut auch achtsam nähern, indem wir verstehen, was unseren Widerstand gegen es auslöst. Eine achtsame Denkweise muss keine schlechte Situation gut machen, sondern kann auch einfach bedeuten, sich damit auseinanderzusetzen, warum wir eine Situation als schlecht empfinden. Es kann auch achtsam sein, das Unkraut einfach so zu akzeptieren, wie es ist, ohne den Versuch, es zu vernichten oder zu etwas Gutem zu machen. Verstehe, warum du anders reagierst, wenn von Unkraut und nicht von Pflanzen die Rede ist. Keine der Reaktionen ist inhärent gut oder schlecht, sondern eine Möglichkeit zu verstehen, warum wir manche Dinge besser finden als andere. Wir machen Dinge gut oder schlecht. Und dieser Umstand ist auch weder gut noch schlecht, sondern ist einfach so, wie er ist. Es ist eine Möglichkeit, unser Bewusstsein zu erweitern.

Wenn ich der Zaunwinde erlaube, Teil meines Gartens zu sein, dann muss ich mich ihr nicht ergeben. Ich reiße sie immer noch aus, wenn ich sie sehe, und verarbeite dann ihre Samen zu Lebensmitteln, aber ich kämpfe nicht mehr dagegen an. Und ich fluche auch nicht mehr, weil mein Garten nicht so perfekt ist, wie ich mir das wünsche, sonder akzeptiere einfach, dass die Zaunwinde Teil meines Gartens ist, und arbeite damit.

Kleine

Gärten

Manchmal müssen wir akzeptieren, dass wir nicht die Zeit oder den Platz für einen großen Garten haben. Anstatt das als Versagen unsererseits wahrzunehmen, können wir das als Möglichkeit sehen, kreativ zu werden. Bei Gärten geht es um Beziehungen – zu Pflanzen, der Erde, anderen Menschen und uns selbst. Jeder Garten ist ein Geschenk und eine Reise, selbst, wenn es nur ein Topf mit Ringelblumen ist. Ein Garten ist, was wir aus ihm machen. Und die zahlreichen Illustrationen von kleinen Feen-Gärtchen zeigen, dass kleine Gärten genauso glücklich machen wie große Felder.

Ich würde sogar sagen, dass eine Wohnung einen Garten dringender braucht als ein Haus. Ich habe in meinem Leben in zwei Wohnungen gelebt, und beide haben sehr von Pflanzen profitiert. In der ersten lebte ich während meiner Studienzeit, und meine Mutter stellte mir Tomatenpflanzen und Blumen auf den Balkon. Es war definitiv keine gute Gegend. Die Pflanzen, die so stolz auf unserem Balkon thronten, gaben uns ein Gefühl von Normalität.

In der zweiten Wohnung, in der ich lebte, hatten wir keinen Balkon. Mein Partner und ich lebten mit zwei Katzen und vielen Topfpflanzen zusammen. Die Katzen genossen die Pflanzen am meisten, und ich lernte schnell, welche sie fraßen und welche sie ignorierten. Als wir in ein Haus mit Garten zogen, hörten sie auf, die Topfpflanzen zu fressen. Ich glaube aber, dass wir ohne die Pflanzen, die saubere Luft, die sie uns gaben, ihre grünen Blätter und die dunkle Erde, in dieser Wohnung nicht glücklich gewesen wären. Kleine Wohnungen brauchen kleine Gärten.

DAS MEISTE AUS WENIG PLATZ MACHEN

Wenn du wenig Platz hast, nur einen Balkon oder eine kleine Terrasse, dann ist natürlich auch dein Platz für Pflanzen limitiert. Aber Topfpflanzen sind leichter zu pflegen, als große Gärten oder sogar Farmen. Obwohl ich eigentlich viel Land habe, pflanze ich immer auch viele Pflanzen in Töpfen an. Töpfe kann man leichter umstellen, und so kann ich Pflanzen vor einem Sturm ins Haus tragen. Sie sind leicht zu bewässern. Und der wichtigste Vorteil für mich ist, dass ich nicht mit der trockenen Tonerde aus meinem Garten arbeiten muss. Und ich hab die Möglichkeit, mir auch einen kleinen, idyllischen Feen-Garten anzupflanzen. Töpfchen können mit schönen Steinen und Muscheln dekoriert werden, oder sogar mit kleinen Windspielen. Mit Topfpflanzen kann man kleine Orte des Rückzugs und der Magie erschaffen.

Was möchtest du anpflanzen? Gärten in Töpfen anzupflanzen, gibt dir die Möglichkeit, Kräuter in deiner Küche, eine Palme im Wohnzimmer und Tomaten am Balkon zu haben. Sie geben uns die Flexibilität, die wir brauchen. Und sie ermöglichen uns mit Erde und mit Pflanzen in Verbindung zu treten, ohne, dass wir viel Platz brauchen. Wir können Temperatur und Wasser perfekt kontrollieren. Insofern kannst du mit einem Garten in Töpfen deine ganz persönlichen Garten-Träume ausleben. Vermisst du das Klima deiner Heimat, oder wünscht du dir, woanders zu leben? Vielleicht kannst du eine Pflanze aus dieser Region an einem sonnigen Plätzchen oder sogar einem Terrarium anpflanzen. Genauso, wie du ein Kleid aus einer Kultur tragen kannst, mit der du dich verbunden fühlst, kannst du dir mit Pflanzen ein bisschen der Energie deiner Träume in die Wohnung holen.

In einer Wohnung zu wohnen, bedeutet aber nicht, dass du nur Topfpflanzen haben kannst, die am Boden stehen oder im Hängetopf an der Decke montiert sind.

Denk auch an andere Möglichkeiten, Zeit im Garten zu verbringen. Gemeinschaftsgärten in deiner Nachbarschaft oder in einer Schule, oder sogar botanische Gärten stehen dir zur Verfügung. Du kannst dich als freiwilliger Helfer engagieren, nicht nur in öffentlichen Parks, sondern auch bei deinem älteren Nachbarn. Denn auch so kommst du in Berührung mit der Erde und den Pflanzen, mit den Mikroben, mit grünen Brüdern und Schwestern. Jede Pflanze, jedes Fleckchen Grün ist ein Gewinn für die Welt, macht die Luft frischer und die Menschen glücklicher. Jeder Moment, den du im Garten verbringst, füllt dein Herz mit der Freude der grünen, wachsenden Pflanzen.

Das Königreich der **Pilze**

In der Erde verwoben, sich langsam in verrottendes Holz arbeitende Pilze sind die versteckten Zauberer des Waldes. Myzel, die weißen Härchen, die ein wenig wie Spitze aussehen, und von einigen Pilzarten produziert werden, verwandeln organische Materie in reichen, nahrhaften Humus. Gärtner lernen langsam, was die Wälder schon seit langem wissen: Reichhaltige Erde entsteht durch die Arbeit der Pilze. Deshalb laden immer mehr Gärtner Pilze in ihre Gärten ein, anstatt zu versuchen, sie zu vernichten. Es stimmt schon, dass manche Pilzarten Pflanzen beschädigen, für Rost verantwortlich sein können und Bäume befallen

können. Aber die meisten Pilzarten bringen nicht zu unterschätzende Vorteile für deinen Garten. Essbare Pilze und die Verarbeitung von organischem Material in nahrhafte Erde zählen dazu. Außerdem erzeugen sie durch die Verarbeitung von Holz und Erde weichen, dunklen Humus. Manche Pilzarten können auch vor Schädlingsbefall schützen.

PILZE RICHTIG EINSETZEN

Manche Pilze vernetzen sich mit Myzel, und diese unauffälligen Netze schaffen weit mehr, als nur organisches Material zu verarbeiten. Sie sind mehr oder weniger das Internet der Natur. Wenn Pflanzen sich über ihre Wurzeln mit Myzel verbinden, können sie über chemische Signale miteinander kommunizieren. Dieses Kommunikationsnetzwerk reicht über weite Distanzen und kann unterschiedliche Pflanzenarten miteinander verbinden. Das Netzwerk hilft dann, die Pflanzen mit Nährstoffen zu versorgen und ihr Immunsystem aufzubauen, vor allem gegen Schädlinge. In unserem Informationszeitalter können wir viel von Pilzen lernen, die Informationshighways schon lange vor uns perfektioniert haben.

Der achtsame Gärtner weiß, wie man sich hinsetzt und zuhört, und somit vom Königreich der Pilze lernt. Was sagen uns diese feinen Myzel-Löckchen über den Kreislauf des Lebens? Eine Sache, die ich von Pilzen gelernt habe, ist, dass nicht alle von ihnen gleich sind und verschiedene Pilzarten verschiedene Funktionen haben. Manche zersetzen Holzstoffe, andere verwandeln Zellulose. Eine andere Pilzart, die erst vor kurzem entdeckt wurde, endophytischer Pilz genannt, lebt zwischen Pflanzenzellen und schützt Pflanzen vor ihren Fressfeinden und Dürre. Die Welt der Pilze ist unendlich weit und unterschiedlich und wir beginnen gerade erst, sie zu verstehen. Das erinnert mich an den Wert der Diversität. Ich werde durch die daran erinnert, auf die verschiedenen Stimmen zu hören, vor allem auf jene, die sich von meinen eigenen Erfahrungen unterscheiden.

MEISTER DER ACHTSAMKEIT

Pilze erinnern uns außerdem auch daran, dass Veränderung, Wachstum und Heilung Zeit brauchen. Mit unserem relativ kurzen Leben und unserer Tendenz, uns von der Natur abzuspalten, verlieren wir Menschen unsere Geduld. Ich möchte jetzt schon Samen pflanzen, obwohl noch Winter ist. Ich will, dass die Pflanzen schnell wachsen, blühen und Früchte tragen. Pilze wachsen unterirdisch, wir können diesem Prozess nicht zusehen. Und vielleicht erinnert uns das daran, dass auch wir Zeit brauchen, um zu wachsen und uns weiterzuentwickeln. Manchmal müssen wir Dinge ruhen lassen, damit Veränderung an ihnen arbeiten kann.

Interessanterweise lernen wir Geduld recht schnell, wenn wir den Moment bewusst erleben und ein achtsames Leben führen. Vielleicht sind Pilze Meister der Achtsamkeit. Sie sind nicht ständig in ihren eigenen Gedanken gefangen, gestresst von der Entscheidung, welche Zellulose sie als Nächstes zersetzen sollen. Pilze und Pflanzen können unsere Lehrer sein und uns beibringen, in der Gegenwart zu leben und Veränderung natürlich geschehen zu lassen.

Pilze lehren uns auch die Balance zwischen Stärke und Unterschiedlichkeit. Sie stärken den Garten und den Wald und könnten das Schlüsselelement einer nachhaltigen Zukunft sein. Wissenschaftler interessieren sich sehr für Pilze, vor allem in der Krebsforschung. Pilze sind auch Medizin für vergiftete Orte. Ein Designer-Team hat es auch geschafft, aus Pilzen Leder- und Holzersatz herzustellen, die weniger kosten und nachhaltiger sind, als Viehzucht und Rodung. Überall wo sie wachsen produzieren Pilze reichhaltigen Humus, ein Geschenk für Gärtner. Das nächste Mal, wenn du also einen Pilz in deinem Garten findest, bedanke dich bei ihm, denn er hält deine Erde gesund.

Recycling
im Garten

Ich bin immer so stolz auf mich selbst und gespannt, wenn ich meinen Garten und mein Haus nach Materialien durchsuche und genug Steine für ein kleines Beet oder das perfekte Holzbrett für eine Schaukel finde. Materialien wiederzuverwenden ist umweltfreundlich – man muss weniger Ressourcen aufbrauchen – und gut für die eigenen Finanzen. Es ist ein kreativer und schöner Zeitvertreib, fast wie das Kochen einer Mahlzeit aus allem, was man so im Kühlschrank findet. Und ich liebe sofortige Befriedigung. Wenn ich ein Projekt im Kopf habe, dann will ich es sofort umsetzen, und nicht erst nach drei Fahrten zum Baumarkt, und deshalb freue ich mich umso mehr, wenn ich das Material bei mir zu Hause finde und sofort anfangen kann.

Gärten eröffnen uns viele Möglichkeiten, Dinge wiederzuverwenden, oder umzufunktionieren. Egal ob es eine Pflanze deines Nachbarn, ein Tor aus Holzpaletten oder ein Hühnerstall aus einem gefällten Baum wird, Recycling macht einen Garten zu einem immer weiter wachsenden Königreich auch Innovation und Kreativität. Und je mehr Zeit du in deinem Garten verbringst, desto besser lernst du ihn kennen, angefangen von der Art und Weise, wie das Licht zu einer bestimmten Uhrzeit auf eine Ecke deines Gartens fällt, oder wo bestimmte Erde ist und wie sie sich über die Jahreszeiten hinweg verhält. Wenn du Freunde und Ressourcen zur Verfügung hast, dann wird dein Garten weiter wachsen. Einmal entscheidest du dich, einen Birnbaum zu pflanzen, in einem anderen Jahr möchtest du Hühner halten. Kinder kommen und gehen und der Birnbaum wird größer und stärker. Der Garten ist eine Unterhaltung zwischen Land und Gärtner.

ERINNERUNGEN AN RECYCLING

Das Leben besteht aus Geschichten. Die Geschichten, die gewisse Materialien zu erzählen haben, sind ein weiterer Grund, warum ich Recycling liebe. Mein Hühnerstall ist ein gutes Beispiel dafür: Das Holz habe ich von einer Freundin bekommen, die altes Holz in ihrem Keller gefunden hat. Dieselbe Freundin hat später ein Gemeinschaftsessen ausgerichtet und mich gebeten, Eier von meinen Hühnern mitzunehmen. Obwohl wir uns nicht oft sehen, erinnert mich mein Hühnerstall beinahe jeden Tag an die wunderschöne Verbindung zu ihr. Und mein Garten ist voll von solchen Geschichten und Verbindungen: Die Ziegelsteine unserer Feuerstellen waren einmal die Gartenhütte eines Freundes, die Hochbeete sind aus alten Bänken, die Schaukel ist aus einem Reifen von meinem alten Auto und unsere Himbeersträucher stammen von einem unserer Nachbarn. Aus lauter kleinen Teilchen habe ich mir eine Oase gebaut. Ich habe von meinem Garten und in meinem Leben gelernt, dass Dinge wiederzuverwenden die Welt zu einem schöneren Ort macht.

Mit der Zeit wachsen Gärten, und wir Gärtner ebenso. Recycling im Garten ist eine Metapher für das Leben. Wenn wir wachsen, lernen wir auch, Dinge in einem anderen Licht zu sehen, als zu einer Zeit, als wir sie außer Acht gelassen haben. Vergangenes kann dich jetzt wachsen lassen, dir jetzt Stärke geben. Du wirst größer, stärker und lebst, um deine Geschichte zu erzählen. Was dir wirklich nichts mehr bringt, das wirfst du auf den Komposthaufen des Universums, und es werden Geschichten daraus, die anderen helfen können. Das ist gelebtes Recycling.

ULTIMATIVES RECYCLING

Der Gärtner Augustus Jenkins Farmer treibt dieses Konzept an die Spitze: Um seinem Garten Struktur zu geben, pflanzt er seinen eigenen Bambus und Efeu an. Das ist nicht nur kreativ, sondern auch umweltfreundlich, denn er muss weder Draht noch Pfosten kaufen. Die meisten Pflanzengitter müssen aufwendig hergestellt und verpackt über weite Strecken transportiert werden.

Wieso sollte man sich in diesen Kreislauf einreihen, wenn man diese Materialien selbst anbauen kann? Wenn sie ihren Zweck erfüllt haben, wandern sie auf den Kompost und werden wieder zu nahrhafter Erde.

Recycling, Wiederverwertung und neue Verwendungsarten sind vielfältig. Der Garten kann ein Ort sein, an dem dich deine eigenen Geschichten und die anderer treffen. Er ist ein Netzwerk von Beziehungen: Zwischen uns selbst und der Welt, dem Garten und uns, unseren Freunden und unserem Zuhause. Der Garten wird so zu einem Prozess. Wir entwickeln uns gemeinsam und, indem wir unsere jeweiligen Stärken einbringen, haben wir Spaß dabei.

Pflanze
Intelligenz

Wir Menschen fangen gerade erst an, Intelligenz und Gefühl neu zu definieren. Wir haben viel zu lange an der Idee festgehalten, dass Intelligenz damit zu tun hat, wie gut wir bei gewissen Tests abschneiden. Dieses Verständnis hat uns davon abgehalten, verschiedene Formen von Intelligenz anzuerkennen, sowohl bei uns Menschen als auch bei Pflanzen. Es gibt mittlerweile sehr viele Studien über die Intelligenz von Pflanzen, obwohl ich das Gefühl habe, dass sie immer noch mit Spott betrachtet werden. Intelligenz bedeutet, Informationen aus verschiedenen Quellen aufzunehmen, sie zu verarbeiten und dann so zu reagieren, dass ein Verständnis für die Informationen deutlich wird. Und Pflanzen sind in diesem Prozess sehr weit entwickelt.

Denke an die Weisheit, die du in deinem Garten finden kannst. Hunderte Pflanzen kommunizieren miteinander und reagieren auf ihre Umweltbedingungen. Sie senden über Myzel-Netzwerke Informationen an andere Pflanzen, sprechen also mit ihren Nachbarn und tauschen sich so untereinander aus. Sie können auch Informationen an andere Spezies senden, beispielsweise können sie Vögel anlocken, um gegen Insektenbefall vorzugehen. Science Fiction oder Wunschdenken? Nein! Sondern der Geruch von frisch gemähtem Gras. Der Geruch ist ein Hilfeschrei.

UNSERE ROLLE IM GARTEN

Wie können wir Gärtner diese Intelligenz nutzen? Wenn ich ehrlich sein soll, habe ich, als ich das erste Mal darüber nachgedacht habe, versucht herauszufinden, ob Pflanzen mit uns kommunizieren. Ich habe das gemacht, was Menschen schon immer gemacht haben: Ich habe mich in diesem Netzwerk als Adressaten verstanden. Dieses Denken, so verständlich und unschuldig es auch ist, trägt zu unserer Mitschuld an der globalen Klimakrise bei. Es führt dazu, dass uns als Gärtnern wichtige Informationen entgehen. Wenn ich mich nicht mehr als Zentrum des Gartens sehe, sondern als Teil eines Ganzen, kann ich mein Verständnis erweitern.

Was ist unsere Rolle im Garten? Wenn ich nicht der König des Gartens bin oder der Künstler, der die Landschaft nach seinem Willen formt, welche Rolle nehme ich dann im Garten ein? Ich werde eins mit meinen Händen, Werkzeugen und meiner Beweglichkeit. Ich habe eine Perspektive davon, was mein Land ist – eine Perspektive, die Pflanzen nicht haben. Pflanzen kennen keinen Besitz, keine Grenzen, Zäune und Grundstückgesetze. Ich weiß, welche Pflanzen meine Kinder gerne essen, und ich muss Wasserrechnungen bezahlen. Für mich sind diese Gedanken Teil meines Gartens. Für die Pflanzen nicht. Es sind die Gedanken eines kreativen Königs. Aber woran denken die Pflanzen?

PERSPEKTIVE EINER PFLANZE

Zuerst muss ich mich von der Sicht lösen, dass eine Pflanze etwas ist, das mir dient. Ich muss versuchen, mir ihre Perspektive vorzustellen. Eine Bohnenpflanze ist ein Lebensmittel aus der Sicht des Gartenmanagers. Aber aus der Sicht der Bohnenpflanze ist sie sie selbst und lebt neben vielen anderen ihrer Art. Sie hat mit mehreren Pilzen in ihrer Erde ausgemacht, dass Stickstoff in eine Form verarbeitet wird, die für sie leichter aufzunehmen ist. Die Bohnen, die sie entwickelt, sind ihre Hoffnung, das Geschenk des Lebens in die Welt zu tragen. Wir können darüber diskutieren, ob eine Pflanze ein Bewusstsein hat, aber wir wissen, dass die Pflanze sich selbst klar von den Pflanzen, Tieren und Pilzen um sich herum unterscheiden kann.

Ich kann diese Information zu meinem Vorteil nutzen. Als jemand, der Bohnen essen will, kann ich die Pflanze mit der richtigen Pilzart in Verbindung bringen, sodass sie ihre idealen Nährstoffe bekommt. Und ich kann das als Möglichkeit nutzen, meine Perspektive auf meinen

Garten grundlegend zu verändern. Ich bin Teil eines riesigen Netzwerkes von Pflanzen und Pilzen. Viele davon würden auch ohne mich wachsen, andere wachsen hier, weil ich sie gepflanzt habe und wieder andere brauchen mich um sie zu bewässern. Ich bin auch Teil von anderen Netzwerken, in denen meine Perspektive eine ganz andere ist, als von anderen. Meine mexikanischen Nachbarn haben einen ähnlichen Tagesablauf wie ich, aber ihre Leben unterscheiden sich von meinem so stark, dass ich es mir gar nicht vorstellen kann. Mein indischer Nachbar war im Militär. Der Mann gegenüber kommt aus dem Vietnam, wurde früh adoptiert und wuchs hier auf. Ich sehe sie alle regelmäßig und wir teilen gewisse Werte und Hoffnungen, aber unsere Leben unterscheiden sich stark. Wir sind ein Garten. Unsere Intelligenzen überlappen und unterscheiden sich.

Wenn ich über die Intelligenz meines Gartens nachdenke, erfüllt mich das mit Respekt. Ich bin neugierig und offen. Ich bin dankbar.

Einstellung der **Dankbarkeit**

Eine gute Möglichkeit, gegen Ängste anzukämpfen, ist Dankbarkeit. Wenn wir ein Gefühl von Dankbarkeit für unser Leben entwickeln, dann ist das ein Aspekt der Achtsamkeit, der uns dabei hilft, unsere Ängste zu besiegen. Sogar sehr schwerwiegende Ängste, bis hin zu Panikattacken, lassen eher los, wenn wir uns hinsetzen und achtsam darüber nachdenken, was gerade mit uns passiert. Ich lebe. Ich spüre gerade etwas, das mir nicht gefällt. Aber ich spüre etwas.

Besonders, wenn ich mich wegen meines Gartens schlecht fühle, muss ich mich daran erinnern. Entweder eine Pflanze ist gestorben, oder es ist noch nicht Zeit, etwas anzubauen, oder ich habe nur eine winzige

Traube an meinen Reben. Eine Traube. Eine einzige Traube. Ich kann mir natürlich erlauben, frustriert und enttäuscht zu sein, aber ich kann in diese Gefühle auch ein Gefühl der Dankbarkeit einbringen. Diese eine Traube ist sehr hübsch und die Rebe lebt noch. Ich habe Erde, in der ich eine Reben anpflanzen kann. Ich habe einen Garten, in dem diese Erde ist. Meine einzelne Traube wird zu einer Feier.

PFLANZEN ALS THERAPIE

Gärten haben mir aus sehr dunklen Kapiteln meines Lebens herausgeholfen. Nachdem ich mit meinem zukünftigen Mann nach Colorado gezogen war, lebten wir sechs Monate lang in einer Wohnung. In dieser Zeit starb sein Vater und ich hatte keine Ahnung, was ich mit meinem Leben anfangen sollte. Als wir in ein Haus mit Garten zogen, wusste ich noch immer nicht, was ich mit mir anfangen sollte, aber ich tauchte meine Hände in die Erde und hatte wieder ein Gefühl für mein Selbst. Der Garten war ein Lichtstrahl in dieser verwirrenden Zeit meines Lebens. Jahre später, als mein eigener Vater starb, kaufte ich meiner Mutter ein paar Stiefmütterchen, ein paar Kräuter und Tomaten und pflanzte sie in Töpfchen vor ihrem Haus. Der Garten war immer das Reich meines Vaters, und ich fühlte seine Anwesenheit, als ich die Erde um die Wurzeln der neuen Pflanzen schüttete. Nachdem ich wieder nach Hause zurückgekehrt war, sah ich, dass meiner Weinrebe (derselben wie vorhin!) in meiner Abwesenheit Blätter gewachsen waren. Ich werde dir später auch von meinem Birnbaum erzählen, der mir aus einer gesundheitlichen Krise herausgeholfen hat. Ich bin so dankbar für diesen ersten Garten in Colorado, die Topfpflänzchen im Haus meiner Mutter, für die Weinrebe und meinen Birnbaum. Grüne, wachsende Pflanzen haben mich immer gefestigt und mir das Geschenk des Lebens gezeigt.

Gärtnern führt zu Dankbarkeit. Jeden Tag gibt es etwas Neues, das in die Welt tritt, entstanden durch die Beziehung, die ich zur Erde habe. Ein neues Blatt. Ein

Nest Marienkäfer. Die ersten Violetttöne des Frühlings. Die ersten Rottöne, die über einen Kürbis huschen. Wofür bist du heute dankbar?

MEDITATION DER DANKBARKEIT

Dankbarkeit kann Teil unseres täglichen Achtsamkeitsritual sein. Genauso wie auf deinen Atem zu achten, oder dich in der Gegenwart zu verankern, dauert es nur einen Moment. Diese kleinen Momente summieren sich und verändern deine Perspektive zu einer, die voll von Anwesenheit und Freude ist. Dankbarkeit kann auch der Fokus einer langen, gezielten Meditation sein. Hier ist eine, die du in deinem Garten machen kannst.

Finde einen Ort in deinem Garten, an dem du gemütlich sitzen kannst. Atme ein paar Mal tief ein und aus und folge dabei der Luft, wie du sie in deine Brust saugst und wieder frei lässt. Fühl den Druck auf deinen Knochen auf der Erde, und spüre, wie die Erde dich zu sich zieht. Fühle die Luft auf deiner Haut.

Öffne deine Augen, wenn sie geschlossen sind, und lass sie sich ruhig umsehen. Was steht vor dir? Warum ist es in deinem Leben? Versuche, dich nicht auf eine Geschichte mit dieser Pflanze zu konzentrieren, sondern denk an den Grund frage dich, ob sie ein Geschenk ist. Gibt es einen Grund, dafür dankbar zu sein? Vermutlich ja. Alles in meinem Garten hat eine kleine Geschichte. Was sind die Geschichten deines Gartens? Inwiefern sind sie dir ein Geschenk? Und jetzt schenke deine Aufmerksamkeit einer anderen Pflanze, oder einem anderen Gegenstand. Denke darüber nach, und sei dankbar. Bleibe in deinem Körper, achte auf deinen Atem. Schaue in deinen Garten und schenke ihm Dankbarkeit.

Und zuletzt schenke auch dir selbst Dankbarkeit. Dein Körper, dein Herz und deine Seele machen diesen Garten zu dem, was er ist. Sieh, wie deine Energie sich verändert hat, weil du Dankbarkeit empfindest.

Geh mit

dem Strom

Wenn ich einen Obstbaum anpflanze, dann grabe ich zuerst ein Loch, das drei Mal so groß ist, wie der Wurzelballen. In dichter Tonerde dauert das eine Weile.

Während ich die scharfe Kante der Schaufel in die Erde schlage, sie mit den Füßen tiefer in die Erde trete, wartet der Obstbaum geduldig. Sobald das Loch tief genug ist, hole ich den Gartenschlauch und fülle das Loch mit Wasser. Langsam zieht es in die Erde ein. Wie schnell das Wasser in die Erde einzieht, kann ich nicht kontrollieren. Zu viel Wasser in das Loch zu gießen, verlangsamt den Prozess nur. Und wenn ich zu wenig Wasser verwende, dann saugt die Erde es nur auf, ohne Effekt auf den Baum, der hier gepflanzt werden soll. Und so arbeite ich anderen Ecken in meinem Garten, bis das Wasser eingezogen ist.

Sobald das Wasser großteils eingezogen ist, schütte ich das Loch ein wenig mit Komposterde auf, damit der Wurzelballen ein kleines Nest hat. Ich darf keine zu nahrhafte Komposterde verwenden, sodass der Baum sich nicht an den Nährstoffen satt frisst, aber dann in der Tonerde zu wenig davon findet. Aber ein bisschen davon kann ihm einen besseren Start ermöglichen, wie eine kleine Vitamintablette.

Ich packe den Wurzelballen aus, pflanze den Baum in diesem Loch ein und bewässere dann die Erde um ihn herum noch einmal. Der Wurzelballen absorbiert ein bisschen Wasser, die Tonerde nimmt den Rest auf. Ich schneide ein paar Äste von Büschen ab, esse ein paar Erbsen und reinige den Hühnerstall. Wenn der kleine Wassergraben verschwunden ist, dann kann ich die Umgebung der Wurzeln mit dem Aushub abdecken. Und ich mache einen kleinen Graben um den Stamm, sodass ich ihn mit Wasser befüllen kann, und der Baum sich nach und nach das Wasser holen kann.

WIE DIE DINGE SIND

Ich kann nicht steuern, wie schnell die Tonerde das Wasser aufsaugt, es braucht einfach seine Zeit. Dieser Vorgang hat seine eigenen Regeln. Ich kann den Apfelbaum nicht dazu zwingen, innerhalb von einem Jahr drei Meter hoch zu werden und viele Äpfel zu tragen. Im Garten arbeiten wir mit den Regeln der

Natur, die wir nicht kontrollieren oder verändern können. Vielleicht ist das der Grund, warum unsere Gedanken ruhiger werden, warum sie zu einem linearen Strom werden. Wir entwickeln einen besonderen Fokus, wenn unsere Aufmerksamkeit nicht im Getümmel des Alltags ist, sondern in einer Beziehung zwischen unseren Körpern und der Erde. Der Gedankenstrom fließt in einen Zustand der Freude dafür, was wir tun, auch, wenn es nur das Warten darauf, dass das Wasser in die Erde einzieht, ist. Ich persönlich bemerke dann auch immer, wie mein Körper ist. Ich bin vielleicht frustriert, dass ich nichts tun kann, um das Wasser schneller in die Erde zu bekommen. Aber so ist das nun einmal. Ich bemerke, wo meine Grenzen sind, aber auch meine Stärken. Denn obwohl ich keine Felsen stemmen kann, bin ich doch mit einer guten Portion Kraft gesegnet. Wenn ich mental in die Gegenwart meines Gartens eintrete, dann akzeptiere ich die Geschenke, die mir gemacht werden. Nicht mehr und nicht weniger.

GESCHENKE DES GARTENS

Tatsächlich gibt uns ein Garten vielleicht sogar mehr Möglichkeiten, als andere Situationen. Das Bakterium *Mycobacterium vaccae*, das in der Erde lebt, aktiviert eine Gruppe Neuronen in unseren Gehirnen, die die Chemikalie Serotonin freisetzen – wir fühlen uns glücklich. Gesunde Erde ist also buchstäblich ein Antidepressivum. Also hat die Erde vielleicht versucht, eine innigere Beziehung mit mir aufzubauen, als ich sie aushob, um meinen Baum zu pflanzen. Währenddessen hat die Sonne B-Strahlen an meine Haut gebracht, die Cholesterin in das Vitamin D3 verwandeln, sodass ich das Kalzium in meinem Körper besser verarbeiten kann und meine Knochen stärker werden. Starke Knochen sind gut für einen Gärtner.

Zu gärtnern ist ein Netzwerk, ein Ökosystem. Du, der Gärtner, bist im Zentrum, tanzend im Strom mit allem anderen, einfach nur im Moment, so wie er gerade ist.

Ein Gefühl von Gemeinschaft

In einer Gemeinschaft von Gärtnern hat jeder von uns etwas in die Gruppe einzubringen. Unsere einzigartigen Hintergründe, unsere Familien, wo wir gerade im Leben sind und was unsere Leidenschaften sind – all dies sind die Zutaten dieser Stein-Suppe. In der Geschichte der Stein-Suppe fragt ein kluges Mitglied einer Gemeinschaft diese, ob nicht jeder etwas zu seiner Stein-Suppe beitragen könne, da sie bisher nur aus Wasser und Steinen besteht. Jeder bringt etwas – eine Karotte, eine Kartoffel, etwas Salz. Am Ende hat jeder eine Schüssel Suppe und neue Freunde.

Manchmal sind Gärtner mehr wie der Stein, alleine irgendwo sitzend und sein eigenes Ding machend. Aber sogar für die unter uns, die introvertiert sind, kann es positiv sein, sich in eine Gärtnergemeinschaft zu involvieren. Das stärkt unsere Gärten und uns selbst.

EINE GEMEINSCHAFT WIRD GEBOREN

Im Buddhismus wird eine Gemeinschaft Sangha genannt. Der spirituelle Sangha basiert auf Bewusstsein, Akzeptanz, Verständnis, Harmonie und Liebe. Eine ideale Gartengemeinschaft sollte diese Qualitäten ebenfalls haben. Als Gärtner haben wir sehr unterschiedliche Hintergründe, spirituelle Wege und Gartentechniken, aber wir kommen alle zusammen, wegen unserer Liebe für grüne und wachsende Pflanzen. Die Mitglieder dieser Gemeinschaft können ihre Freude über Obst, Gemüse und Blumen teilen. Wir können uns für neue Techniken und Ressourcen begeistern. Wir können uns gegenseitig unterstützen, wenn die Dinge gerade nicht gut laufen. Ich habe das Gefühl, dass meine Gartengemeinschaft sehr unterstützend ist, nicht nur im Garten. Wenn ein Mitglied

Probleme hat, dann sind wir alle da, um diese Person zu unterstützen. Wenn sie feiern wollen, dann sind wir alle da mit ein bisschen Essen, sodass wir alle gemeinsam feiern können. Die Liebe zur Erde und zueinander ist die Grundlage unserer Verbindung. Pflanzen sind mächtige Brückenbauer, denn wir alle brauchen Pflanzen täglich. Ich hatte nicht immer eine Gartengemeinschaft. Meine Gemeinschaft hat sich tatsächlich nur deshalb zusammengefunden, weil wir einen Weg finden wollten, Hühner legal zu halten. Wir schafften es, eines der größten Anliegen im lokalen Gerichtshaus einzubringen, und viele von uns haben dabei Freunde gefunden. Wir haben uns online verbündet, um über Hühner, Gärtnern und Instandbesetzen zu reden. Aus dieser Gruppe hat sich zumindest ein lokales Geschäft ergeben, das nun Futter und Ressourcen für Hühner verkauft, und ein gemeinnütziger Verein, der Flüchtlinge unterstützt. Lokale Cafés sind nun zum Treffpunkt für Strick-Enthusiasten geworden und ein Bauernhof in der Nähe gibt jetzt Kurse über Gärtnern und Imkerei.

Ich hatte zwar bis dahin immer mit meinen Nachbarn über den Gartenzaun hinweg gesprochen oder auch mit Menschen, die ich am Markt traf, aber in meinem Fall entstand eine wirkliche Gemeinschaft erst über soziale Netzwerke. Alles nur, weil drei Frauen sich in einer Küche zusammensetzten und über ein nachhaltigeres Leben nachdachten.

SICH ONLINE UND OFFLINE TREFFEN

Wir leben in einer spannenden Zeit. Soziale Netzwerke verbinden Menschen miteinander, die vielleicht im realen Leben nicht zueinander gefunden hätten. Ich glaube, dass die Verbindung mit Menschen aus allen möglichen Umständen und Kulturen uns eine ganz neue Perspektive auf die Welt geben kann. Sie lehrt uns Gemeinschaft, Empathie und Bewusstsein. Vieles, das online passiert, ist nicht gut, aber wir können es dazu machen.

Mein liebster Aspekt dieser Gemeinschaften ist, wenn wir uns dann im realen Leben treffen. Eine befreundete Gärtnerin brachte mir einmal einen besonderen Dünger und ich gab ihr dafür Holz, das ich einmal gesammelt hatte. Jeden Frühling treffen wir uns, um Samen auszutauschen. Dadurch bin ich an Samen gekommen, die ich vorher nicht zu Gesicht bekommen hätte.

Wenn du dich online mit Menschen verbindest oder auch offline, dann stärkt ihr euch gegenseitig. Und das stärkt die Welt. Ich habe ein Bild von all den Gärtnern, Hühnerbesitzern und Imkern der Umgebung, denn wir alle haben überlappende Interessen und uns online zusammengefunden. Wir teilen Liebe, Bewusstsein, Harmonie und Akzeptanz. Sogar wenn wir nur mit einem Stein beginnen, können wir daraus eine nahrhafte Suppe kochen.

Die Freuden von **Kompost**

Ich lebe in der Nähe der Rocky Mountains, am Beginn der Großen Ebenen. Ich lebe also auf dichtem Schwemmgebiet. Das sind die Zeichen von Gletschern und späteren Seen. Jetzt sind es nur mehr Flüsse, die sich durch die dichte Erde schlängeln. Sie erzählen die Geschichten der Bauern, die nach Denver kamen, als Gold und Kohle die Massen anlockten. Dieses Schwemmgebiet ist nicht gerade förderlich für Pflanzen. Eines der Geschenke, die Pflanzenanbau hier überhaupt möglich machen, ist Kompost. Es erfreut mich immer wieder, zu sehen, wie Küchenabfälle, Hühnermist, Haare und Flusen zu idealer Erde werden. In Gegenden, die ohnehin reich an weicher, nahrhafter Erde sind, ist ein

Komposthaufen eine Möglichkeit, Dinge zu verwerten, die wir sonst wegwerfen würden. Damit reduzieren wir unseren ökologischen Fußabdruck und verwandeln Müll in ein Geschenk. Kompost ist eine Allegorie auf das Leben: Jede noch so kleine Kreatur trägt ihren Teil dazu bei, Müll in Gold zu verwandeln.

ZU TUN, WAS NATUR VON SELBST MACHEN WÜRDE

Ich frage mich, warum wir das Endprodukt von Kompost nicht auch Erde nennen. Schließlich ist Kompost Erde. Das Wort stammt aus dem Altfranzösischen und Lateinischen und bedeutet „etwas Zusammengesetztes", was den Prozess des Kompostierens gut zusammenfasst. Tatsächlich unterstützen wir aber nur das, was die Natur auch von selbst tun würde. In einem Wald, in dem genug Feuchtigkeit und unheimlich viele Bakterien in der Erde sind, passiert Kompost einfach. Gesunde Erde und Kompost sind dasselbe, obwohl Kompost reicher an organischem Material ist als die meiste Erde in unseren Gärten. Vielleicht unterscheiden wir Kompost nicht nur deshalb von Erde, weil er von Menschen gemacht wird, sondern auch, weil die Bestandteile nicht aus einem einzelnen Ökosystem stammen. Mein Komposthaufen hat Eierschalen von meinen Hühnern, aber auch von Eiern, die ich im Supermarkt gekauft habe. Auch Bananenschalen und Avocadoschalen sind auf meinem Komposthaufen, genauso Gemüse- und Pflanzenreste, die hier natürlich vorkommen. Wie auch wir Menschen ist mein Komposthaufen ein Mischmasch aus Kulturen und Nährstoffen. Ein weiteres Beispiel für die Kraft der Diversität.

EINE SACHE VON LEBEN UND TOD

Ohne Bakterien in der Erde, die den Tod in das Leben verwandeln, könnten wir nicht auf dieser Erde leben. Ein Gramm Gartenerde kann bis zu eine Million Bakterien beinhalten. In den verschiedenen Stufen der Verwandlung, die Kompost durchläuft, verändern sich auch die Bakterien und Pilzarten. Die erste Welle an Kreaturen zersetzt lösliche Stoffe der Erde und erzeugt so Wärme. Das ist der Grund, warum Komposthaufen dampfen. Diese erste Gemeinschaft wird von Bakterien und Mikroorganismen verdrängt, die sich in der Wärme wohlfühlen und Fette, Proteine und Zellulose zersetzen. Wenn sie verwandelt haben, was zu verwandeln ist, dann verliert der Komposthaufen die Wärme wieder und die erste Welle Bakterien kehrt in ihn zurück. Kompost ist ein Tanz. Er ist das Anwachsen und Verschwinden von energetischer Transformation, ein Anheben und Fallen von Leben und Tod. In diesem Prozess hat jedes kleine Wesen eine Aufgabe, genauso wie jeder Mensch auf dieser Welt. Wir können uns daran erinnern, dass es für alles eine bestimmte Zeit gibt, und dass jeder Prozess ein Geschenk ist.

Wenn der Komposthaufen aussieht wie nahrhafte, feuchte Gartenerde, dann verteilen wir ihn um unsere Pflanzen. Es ist Dünger, Humus und Erde in einem. Der pH-Wert von Kompost ist genau richtig, nicht zu säurehaltig, nicht zu basisch, und so hilft der Komposthaufen der Balance unseres Gartens.

LEBENSKOMPOST

Nährstoffe entwickeln sich im Kompost über lange Zeit. Weil die organische Materie mehrere Prozesse durchläuft, wird Kompost leicht und feucht, sodass Wasser und Luft gut verteilt sind. Kompost lockt immer Mehr Bakterien, Pilze, Würmer und Insekten an. Er ist ein guter Platz für Nährstoffe. Er ist eine Erinnerung daran, dass die Erde nähren will, und dass wir ein teil dieses Prozesses sein können. Vielleicht können wir metaphorischen Kompost auch in anderen Lebensbereichen entwickeln, um unser Leben zu bereichern. Vermische gute Ratschläge von Freunden mit Erfahrungen aus deiner Vergangenheit, gibt inspirierende Menschen dazu, durchlüfte das Ganze mit tiefem Ein- und Ausatmen und du wirst leichte Nährstoffe bekommen, die dir im Leben weiterhelfen. Lebenskompost.

Der Geruch
des Gartens

Kannst du den Geruch von frischem Rosmarin in deinem Gedächtnis heraufbeschwören? Feuchte Erde nach einem Regenguss? Die erste Blume im Frühling? Was assoziierst du mit den Gerüchen des Gartens? Gerüche stellen eine Verbindung zu Orten und Erfahrungen her, aber auch zu Bildern und Geräuschen. Für manche ist die Verbindung durch Geruch sogar stärker, als die Verbindung durch Gedächtnis. Geruch ist der einzige Sinn, der schon bei der Geburt voll entwickelt ist. Geruchsmoleküle gehen direkt in unser Gehirn, und können direkt auf unser Gedächtnis und Stressrezeptoren zugreifen. Wenn wir über Geruch reden, dann sprechen wir oft von ätherischen Ölen oder starken Gerüchen. Aber auch leichte Geruchsnoten im Garten sind ein Teil der Ruhe eines Gärtners.

Eine Freundin von mir, die einige Jahr in Hawaii gelebt hat, atmet immer besonders tief ein, wenn wir in ein Tropenhaus im botanischen Garten gehen. Der Geruch „ist Hawaii" für sie. In demselben Glashaus gibt es ein kleines Terrarium, das Pfeilgiftfrösche beherbergt. Durch das Netz kann man Moos, fließendes Wasser, Pflanzen und Humus riechen. Man riecht Feuchtigkeit und Süße. Es riecht nach Leben. Die Gerüche in Indoor- und Outdoor-Gärten können emotionale Zentren in uns ansprechen, die mit etwas Ursprünglichem verbunden sind. Geruch hilft uns, die Welt zu verstehen.

INFORMATIONEN ERSCHNÜFFELN

Pflanzen kommunizieren über Gerüche. Der Geruch von frisch gemähtem Gras ist ein Hilferuf. Blumen produzieren Gerüche, die ihre Bestäuber anlocken sollen. Manche von ihnen sind buchstäblich so süß wie Vanille, andere ekelerregend, wie der Geruch von verrottendem Fleisch. Ich frage mich, ob wir Menschen die Fähigkeit entwickeln können, Pflanzengerüche so zu lesen, dass wir wissen, wenn ein Gewitter kommt, oder welche Mineralien unsere Erde braucht – nur vom Geruch der Pflanzen. Ich wäre nicht überrascht, es scheint, als könnte das früher in unserer Entwicklung eine Fähigkeit von uns gewesen sein. Die Pflanze, die am besten riecht, führt uns vielleicht zu den nahrhaftesten Samen. Wie ein Pflanzenflüsterer, aber eben ein Pflanzenriecher.

Bauern nutzen Geruch und Geschmack, um herauszufinden, was ihre Erde braucht. Wir können bestimmen, ob Erde viel Ton oder organisches Material enthält. Ersteres riecht staubig und feucht, während zweiteres moosig riecht, ein bisschen wie ein Terrarium. Erde, die zu viel Säure hat oder verrottet riecht, könnte mehr Luft und Kompost gebrauchen. Wir können das auf die Liste der achtsamen Gärtneraufgaben schreiben:

Wir brauchen nicht nur Pflanzenriecher, sondern auch Erdriecher. Sich die Zeit zu nehmen, an Erde und Pflanzen zu riechen, kann dir Dinge sagen, die du nicht online nachschlagen musst. Die Gerüche sagen dir, was du wissen musst.

GERUCH DER ERINNERUNG

Gerüche, genau wie Farben, sind schwer zu beschreiben. Aber wir wissen oft, wovon eine Person spricht, wenn sie von einem bestimmten Geruch spricht. Ein Geruch, die immer die Sinne und das Gedächtnis stimuliert, hat sogar einen eigenen Namen: *Petrichor*. Er beschreibt den Geruch von Regen, wenn er mit Erde und Asphalt zusammentrifft. Nur die Beschreibung des Geruches ruft Erinnerungen wach. Und sogar Gefühle. Für mich riecht Petrichor aufregend, voller Möglichkeiten, aber auch sicher und gemütlich.

Geruch ist ein wichtiger Teil unseres Gartens. Vor allem für blinde Menschen. Wir können geruchvolle

Gärten genießen, buchstäblich mit allen Sinnen. Geruch ist eine Möglichkeit, wie wir unsere Gärten mit Gefühl und Erinnerung ausstatten können. Meine Freundin, die Hawaii so vermisst hat, pflanzte beispielsweise *Matthiola incana* an – diese Pflanzen wuchsen neben ihrem Haus in Hawaii.

Welche Gerüche würdest du in deinen Garten bringen? Alles, was du brauchst, um sie aufzunehmen, ist eine Bank oder ein kleines gemütliches Plätzchen, und du kannst dich auf eine Reise der Heilung begeben. Ein Geruchsgarten kann ein Ort sein, an dem du dich selbst besser kennenlernst, ein Ort, an den du Freunde einladen kannst, sodass sie dich und deine Geschichte besser kennenlernen.

Umgehen
mit Frustrationen

Wo ich lebe, ist der August heiß und trocken. Die Spinat- und Erbsenernte ist lange vorüber und die Pflanzen wurden schon ersetzt. Die letzte Ernte der Kürbisse und der größeren Tomaten kommt erst. Unter der glühenden Sonne beginnen meine Pflanzen zu vertrocknen. Zähere Gräser versuchen, sie zu verdrängen. Früchte wachsen nicht. Es ist entmutigend.

Viele Dinge töten einen Garten. Hagel, Hitze, Landplagen. Als Begleiter unserer Gärten können wir uns so fühlen, als hätten wir versagt, wenn es dem Garten nicht gut geht. Vor allem, wenn wir auf sozialen Netzwerken sehen, wie gut es den Gärten

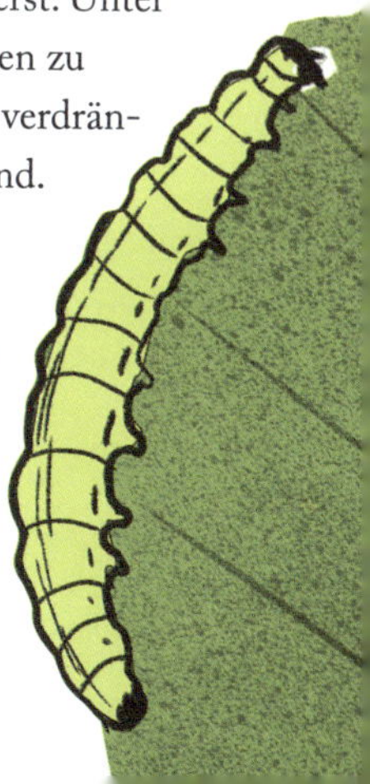

unserer Freunde geht. Im Vergleich mit einem Garten Eden fühlen wir uns, mit unseren paar vertrockneten Gräsern, wie Versager.

Das soziale Netzwerk eines Käfers ist der Wind, mit dem er seinen Freunden sagt: „Hier kann man gut essen!" Dann kommen mehr und immer mehr von ihnen und bedienen sich an den Früchten deiner harten Arbeit. Aber der Käfer und seine Freunde sind glücklich.

Sollten wir als Gärtner uns für den Käfer freuen? Vielleicht. Der Verlust meiner Tomaten ist mehr Enttäuschung als Notlage. Für viele bedeutet der Verlust ihrer Ernte Leid und Tod. Also kann ich vielleicht einen Moment innehalten und Dankbarkeit empfinden, denn ich werde heute trotzdem essen, genauso wie meine Kinder.

Trotzdem ist es frustrierend. Aber meine Zucchini von innen verrotten zu lassen, ohne zu wissen, warum, ist auch keine Lösung. Wenn es meinem Garten also nicht gut geht, dann muss ich die Balance zwischen

Trauer und Akzeptanz halten. Ich bin traurig, manchmal sogar wütend. Meinem Kompost tut es aber gut, wenn ich einen ganzen Haufen Zucchini untermische. Meine Gefühle sind legitim, aber auch die Perspektive der Käfer und der Bakterien im Komposthaufen, die von meinem Verlust profitieren, ist legitim. Wenn wir uns in Achtsamkeit üben, dann sehen wir beide Perspektiven.

WIR SIND EINS UND WIR SIND ZWEI

Ein Garten ist eine Beziehung, oder besser: Ein Garten ist ein komplexes Gefüge aus Beziehungen. In jeder Beziehung gibt es Elemente der Verbindung und Trennung. Das ist die Dynamik jeder Beziehung: Wir sind eines und wir sind zwei. Immer. Wir sind Teil der Welt und wir sind von der Welt getrennt. Wenn ich meinen Partner umarme, dann bin ich mit ihm verbunden, wir berühren uns, aber wir sind immer noch zwei unabhängige Menschen. Wir spüren uns selbst, den anderen und unsere Verbindung.

Wenn es dem Garten gut geht, dann bin ich mir dessen nicht so bewusst. Ich habe weniger Bewusstsein dafür, dass der Garten ist, dass ich bin und dass wir unabhängig voneinander sind. Wenn es dem Garten schlecht geht, dann sehe das deutlicher. Ich habe Bedürfnisse, die sich von den Bedürfnissen der Käfer oder der Hühner, die meine Ernte beeinträchtigt haben, unterscheiden. Ich werde darauf aufmerksam gemacht, dass ich den Garten nicht kontrollieren kann. Wenn der Grund für das „Versagen" meines Gartens mir noch unzugänglicher ist, zum Beispiel ein Hagelsturm, dann erinnere ich mich wieder an die größeren Netzwerke, in denen ich nur ein kleiner Teil bin. Ich bin Teil des Planeten und seines Wetters. Und trotzdem bin ich von ihm getrennt, meine eigene Persönlichkeit.

DAS GROSSE GANZE

Wenn es meinem Garten also nicht gut geht, dann spüre ich die Energien, die größer sind als ich, ganz deutlich. Das ist überwältigend und verwirrend, aber dieses Bewusstsein kann mir auch helfen, zu sehen, dass das Versagen vielleicht nicht meines ist. Es gibt eine Geschichte von einem Bauern, dessen Pferde ihm davonliefen, und alle im Dorf waren traurig. Doch die Pferde kamen wieder und brachten wilde Pferde mit. Und die Dorfbewohner waren glücklich. Dann trainierte sein Sohn die Pferde und brach sich dabei ein Bein und die Dorfbewohner waren traurig. Doch dann kam die Armee und zog alle gesunden jungen Männer ein, den Sohn des Bauern aber nicht. Und die Dorfbewohner waren glücklich. Es gibt größere Zusammenhänge, die wir oft nicht genau sehen können. Wir müssen es unter den kosmischen Kompost mischen und weitermachen.

Hör auf den
Regen

Ohne Wasser gibt es keinen Garten. Brunnen und Feuchtigkeit aus Permakulturen sind nützlich, aber der Garten braucht auch Regen. Regen bringt nicht nur chlorfreies Wasser, sondern auch Nährstoffe. Regenwolken und Stürme tragen Erde um die Welt, und teilen damit Mineralien mit den Gärten unter ihnen. Regen verbindet uns mit allen Menschen auf der Erde.

ZU WENIG, ZU VIEL ...

Vor ein paar Jahren erlebten wir eine ziemlich schwerwiegende Dürre. Obwohl ich die Pflanzen mehrmals täglich bewässert habe, ging es meinem Garten nicht gut. Sie wuchsen nicht und trugen keine Früchte. Das

Wasser aus meiner Leitung hatte nicht die Nährstoffe, die meine Pflanzen brauchten, Chlor und andere Chemikalien darin hinderten die Pflanzen vielleicht sogar am Wachstum. Mein Garten brauchte natürliches, unbehandeltes Wasser. Regen bringt Leben.

Zu viel Regen ist aber genauso problematisch. Einmal erlebten wir einen Sommer, in dem neunzig Tage lang messbarer Niederschlag herabfiel. Unsere Tomatenpflanzen waren gigantisch und dunkelgrün, aber sie trugen keine Früchte. Noch mehr Regen oder viel Regen in kurzer Zeit sorgt für Überflutung. Kein Garten – außer Reisplantagen – verträgt so viel Wasser. Regen bringt uns also die nährenden Geschenke der Natur, aber er lehrt uns auch Balance und Dankbarkeit. Wir hoffen auf die richtige Menge Regen, und wenn er kommt, dann haben wir das Gefühl, dass alles gut wird.

Bevor es Installateure gab, waren Regen und Aquädukte die einzige Möglichkeit, unsere Felder zu bewässern. Dürre bedeutete Tod und sogar das Ende einer ganzen Zivilisation. In Teilen Afrikas und Asiens ist das noch immer so. Damit ist es nicht verwunderlich, dass wir in vielen Kulturen Götter finden, beispielsweise Dudumitsa aus Bulgarien, Yoruban Oya oder den Tlalok der Azteken, die um Regen gebeten werden können. Regen, sowohl echter als auch metaphorischer, wird auch in der Bibel behandelt. Regen ist Leben. Wir sehen auch, dass selbst industrialisierte, hoch entwickelte Gesellschaften nicht einfach machen können, was sie wollen – Regen und Wasser limitieren sie. Grundwasserspeicher trocknen schneller aus, als sie sich wieder füllen, denn wir stören die Balance des Planeten. Vielleicht müssen wir also wieder zu Bewässerungsmethoden zurückkehren, die auf Achtsamkeit basieren.

FÜNFZIG BEGRIFFE FÜR REGEN

Regenstürme kommen in verschiedenen Geschmacksrichtungen. Vielleicht können wir Gärtner fünfzig Begriffe für Regen finden, die ihn beschreiben. Er kann leicht sein oder fein wie hoch oben in den Bergen.

Schwerer Regen, der Blätter von Ästen reißt. Sanfter Regen, der nur einen Tag halten wird. Regen kann in Strömen kommen, oder nur so leicht sein, dass er die Luft mit Petrichor füllt und dann wieder geht. Sommerregen reinigt die Luft und hängt noch lange nach. Als ich einen Sommer lang in einer Gärtnerei gearbeitet habe, beendete der Regen, der auf das Glashaus prallte, alle Gespräche. Regen, der Moos wachsen lässt, ist irgendwo zwischen Nebel und sanftem Regen. Der frühe Winterregen kriecht dir in die Knochen, sodass du es dir auf dem Sofa mit einer Decke und einem Buch gemütlich machen willst. Welche Art von Regen liebst du?

EINLADUNG ZUR ACHTSAMKEIT

Wenn es regnet, fühle ich mich ruhiger und gefestigter. Das liegt teilweise am geringen Luftdruck. Ich konnte meine Tochter immer viel leichter für ein Mittagsschläfchen begeistern, wenn es regnete. Und ich fühle mich ruhiger, weil das Leben für Regen nicht anhält, aber doch ein bisschen verlangsamt ist. Wir bekommen eine kleine Pause vom Alltagsstress, wenn Wasser vom Himmel fällt. Ich denke auch, dass Regen die Seele von introvertierten Menschen widerspiegelt, ganz ruhig und still. Wenn Himmel und Erde durch Wasser verbunden sind, dann verbinden auch wir uns wieder mit unserer Umwelt und uns selbst. Regen ist eine Einladung zur Achtsamkeit.

Dem Regen zuzuhören, kann meditativ sein. Nimm dir das nächste Mal, wenn es regnet, Zeit, dich durch das Geräusch des Regens in der Gegenwart verankern zu lassen. Hör, wie er am Fenster aufschlägt, atme tief ein und aus. Kannst du die Feuchtigkeit in der Luft spüren? Du atmest Wasser ein, das von einem anderen Teil der Erde hier her gekommen ist. Du bist hier im Jetzt, an dieser Kreuzung von Zeit, Raum, Wetter und Atem. Schließe deine Augen und spüre, wie du zu diesem Geräusch wirst. Wasser ist Leben. Du bist Leben. Alles ist eins.

Ein Symbol der **Hoffnung**

Als ich meinen Sohn entwöhnte, war ich erschöpft. All die Hormone in meinem Körper veränderten sich, ich war nur mehr müde. Ich hatte Panikattacken, war unterzuckert und konnte nicht mehr schlafen. Diese Erschöpfung hatte sich schon lange angekündigt, aber jetzt konnte ich die Signale meines Körpers nicht mehr überhören. Es war an der Zeit, es ruhiger anzugehen, wieder mehr auf mich zu achten und zu heilen. Und das bedeutete auch, dass ich nicht mehr so viel im Garten arbeiten konnte. Ich hatte einfach nicht die Kraft, umzugraben, schwer zu heben oder mit Geräten zu arbeiten. Aber weil mein Garten mir schon immer Freude bereitet hatte, konnte ich nicht ganz aufhören, zu gärtnern. Mein Garten sah in diesem

Frühling nicht sonderlich gut aus, aber er war meine Therapie in dieser Zeit.

Eine der Neuerungen in meinem Garten war ein junger Birnbaum. Ich hatte ihn online bestellt und ein Plätzchen dafür im Vorgarten gefunden. Ich nahm mir ein paar Tage statt nur ein paar Stunden Zeit, um das Loch zu graben, und legte mich immer nach kurzer Zeit erschöpft in mein Bett. Als der Baum ankam, war es windig, Hagel war angesagt. Und je weiter man oberhalb des Meeresspiegels wohnt, desto ernster muss man solche Ansagen nehmen. Aber ich musste den Baum anpflanzen. Meine psychische Gesundheit hing davon ab. Und der Wind blies mir mächtig um die Ohren, als ich den schweren Wurzelballen in die Erde hievte. Ich bewässerte den Baum, deckte ihn mit Kompost zu und sprach ein Gebet. Ich war nicht sicher, ob der Baum überleben würde, denn vor ihm sind mir schon viele Bäumchen eingegangen. Tonerde ist ein hartes Pflaster für junge Bäume. Ich war mir auch nicht sicher, ob ich es schaffen würde. Schwere Erschöpfungszustände können chronisch werden oder sogar zum Tod führen. Der Donner grollte als Antwort auf mein Gebet. Und der Baum überlebte, genauso wie ich. Er hat bis heute keine Früchte getragen. Vielleicht habe ich das auch nicht, denn ich bin mir bis heute nicht ganz sicher, was meine Bestimmung auf dieser Welt ist. Was uns weiter antreibt, wenn wir unsere Bestimmung suchen, ist die Hoffnung. Und dieser Birnbaum gab mir Hoffnung.

DAS LEBEN GEHT WEITER

Jeder Garten ist ein Gebet und ein Versprechen der Hoffnung. Wir wissen nicht, was unseren Garten am blühen hindern wird. Hagel, Dürre, Insekten. Vielleicht sterben wir, und unsere Blumen sterben, weil sich niemand um sie kümmert. Vielleicht gräbt der Nachbarshund unsere Pflanzen aus. Wir können nie mit Sicherheit sagen, dass unsere Pflanzen wachsen und Früchte tragen werden. Aber wir pflanzen sie dennoch. Wir bewässern sie, düngen sie, kümmern uns um sie und arbeiten immer weiter. Denn wir hoffen.

Vielleicht ist das der Grund dafür, dass Gräber oft bepflanzt werden. Wir wollen uns der Menschen erinnern und hoffen und leben. Im Troy Chavez Garden in Denver wird den Opfern von Gangkriminalität gedacht. Der Garten ist mit Wandgemälden lokaler Künstler dekoriert. Und in ihm steht eine Statue Quetzalkóatls, einem aztekischen Geist, der die Menschen daran erinnern soll, dass es größeres als uns selbst gibt. Wenn ein Garten Jahr für Jahr wieder zu leben beginnt, grün und saftig, trotz der Kälte des Winters, dann spüren wir besonders deutlich, dass das Leben immer weiter geht.

ZU HOFFEN ODER NICHT ZU HOFFEN ...?

Ein Samen ist der Inbegriff der Hoffnung. In der harten Schale steckt ein Keimling, der darauf hofft, wurzeln zu können. Er hofft auf Nährstoffe, sodass er Blätter bilden kann. Sobald ein Samen keimt, hofft die Pflanze auf die richtigen Bedingungen, sodass sie Früchte tragen und

Samen bilden kann. Das ist der Kreislauf des Lebens. Ich denke oft an die Eltern der Opfer, die den Troy Chavez Garden gegründet haben. Und ich stelle mir die kleinen Samen der Hoffnung vor, die sie als Herzenswünsche in die Erde gelegt haben. Sie konnten ihre Söhne nicht zurückbringen, aber sie konnten Hoffnung für andere spenden.

Ich hatte einen Naturwissenschaftslehrer, der Hoffnung hasste. Er meinte, dass man mit der Hoffnung Verantwortung abgibt. Wir verschwenden, so meinte er, unsere Energie, indem wir die Dinge in die Verantwortung von etwas Größerem. Er glaubte auch nicht an höhere Mächte, sondern sagte, dass die einzige Macht, die etwas erreiche, unsere eigene sei.

Hoffnung trägt mich weiter, wenn ich nicht mehr weiter kann. Und mein Garten gibt mir Hoffnung. Ich hoffe nicht einfach, dass mein Garten blühen wird, sondern ich pflege und unterstütze ihn bei den Veränderungen und dem Wachstum, das notwendig ist.

Bienen:
Wesen des Gartens

Das einzige, was einen Gärtner noch mehr freuen kann als ein keimender Samen, ist das Summen einer Biene. Ihre pelzigen Beinchen sind voller Pollen und wenn sie sich auf eine Blüte setzt, dann geht das Leben weiter. Ihre Entschlossenheit, Nektar und Pollen zu sammeln, ist wie unser Ziel, Pflanzen zu ziehen, und wir verspüren für Bienen unglaubliche Dankbarkeit. Ihr lebhaftes Summen fordert uns auf, eine Pause von unserem Leben zu nehmen, um ihr dabei zuzusehen, wie sie von Blume zu Blume flitzt.

Bist du schon einmal im Frühling neben einem Holzapfelbaum gesessen und hast gehört, wie die Blüten mit den Bienen summen? Natürlich wissen wir, dass das Geräusch von all den Bienen kommt, die mit ihren Flügelchen flattern. Aber es erinnert doch an einen Chor, wie Mönche, die die Sonne und den Baum und die Blumen anbeten. Opfergaben für süßen Nektar. Und wenn wir neben diesem Schauspiel sitzen, dann antwortet auch unser Körper auf diese Energie, als ob wir von der Energie des Kollektivs mitgerissen würden. Wenn du deine Augen schließt, siehst du vielleicht die goldenen Sonnenstrahlen der Sonne, die pelzige, gelbe Hummel und den bernsteinfarbenen Honig, der von einem Löffel tropft. Wenn du dem Summen der Bienen bewusst zuhörst, dann spürst du ein ganz ursprüngliches Gefühl von Zuhause.

EINE KREATUR DER SONNE

Die Biene ist nicht nur Erdbewohner, sondern auch eine Kreatur der Sonne. Sie nutzen die Sonne, um sich zu orientieren: Die kleine Honigbiene sagt ihren Schwestern, wo es viel Nektar gibt, und als Anhaltspunkt dient ihr die Sonne. Unbewusst nehmen wir an dieser Orientierungsmethode teil, denn wir richten unsere Beete nach der Sonne aus. Wir bemerken im Winter, wo die schattigen Plätze sind, und im Sommer, wo die Sonne am längsten steht. Der Garten und die Bienen erinnern uns daran, dass alles Leben von der Sonne kommt. Die Biene braucht die Sonne, sonst könnte sie nicht fliegen; die Pflanze braucht die Sonne, sonst könnte sie keine Nährstoffe produzieren; wir brauchen die Sonne, um zu gärtnern. Egal in welcher Klimazone wir leben: Wir Gärtner, und auch die Bienen, sind durch unsere Abhängigkeit von der Sonne miteinander verbunden.

DIE BIENENGEMEINSCHAFT

Wenn wir an Bienen denken, denken wir zuerst an die Honigbiene. Ein Grund für den Erfolg der Biene – vor Millionen von Jahren entwickelte sie sich aus der Wespe heraus und veränderte sich seitdem nicht mehr – ist ihr Sozialverhalten. Der Bienenstock ist ein Superorganismus, der aus Tausenden Individuen besteht. Der Stock kann ohne die Individuen nicht existieren, die Individuen können ohne den Stock nicht überleben. Das trifft auch auf uns Menschen zu. Wir brauchen andere Menschen genauso, wie Bienen andere Bienen brauchen. Auch wenn unsere Unterschiede zu groß zu sein scheinen, brauchen wir andere Menschen. Bienen und Gärten verfestigen uns in der Realität und erinnern uns an unser Bedürfnis nach Gemeinschaft. Wenn wir unsere Ernte mit einem Nachbarn teilen, an einer Samentauschbörse teilnehmen oder gemeinsam unsere Beeren zu Marmelade verarbeiten, dann stärken wir damit unsere Gemeinschaft und das stärkt wiederum unseren Körper und unsere Seele. Wir sind alle Teil einer großen Gemeinschaft.

DIE BALANCE DER BIENEN

Die Biene, genauso wie der Mensch, ist ein Wesen des Widerspruches. Mit großer Sanftheit besucht sie die zarten Blüten einer Blume, um süßen Nektar zu sammeln und ihn auf magische Weise zu Honig zu verwandeln. Aber sie trägt auch immer die Macht mit sich, Schmerz zuzufügen. Sie lädt uns ein, über den Gegensatz von Leben und Tod und Balance nachzudenken. Nichts ist genau so, wie es scheint. Auch das Gift der Biene, das wir für gewöhnlich mit Schmerz verbinden (denn ein Bienenstich ist schmerzhaft, und kann sogar tödlich sein), hat positive Aspekte. Es kann auch Heilmittel für schwere Krankheiten sein. Dieser Gegensatz zwingt uns dazu, in der Gegenwart zu bleiben, unsere Vorurteile zu überdenken. Denn wir sehen, wie vielfältig das Leben ist. Wir geben den Zwang, alles zu kontrollieren, auf und beobachten einfach die Bienen bei ihrer Arbeit, wie sie von Blüte zu Blüte ziehen und Leben verbreiten. Wir werden ruhig und wir atmen.

Ohne zu graben
gärtnern

Wir Menschen sind gut darin, Werkzeuge herzustellen und die Erde so zu nutzen, wie wir es brauchen. Diese Fähigkeit ist Teil davon, Mensch zu sein, und ist unglaublich wertvoll. Manchmal müssen wir aber auch lernen, weniger zu machen. Einen Schritt zurückzutreten und der Natur erlauben, ihre komplexen, dynamischen Prozesse zu vollziehen, ist wichtig. Beim Gärtnern ohne graben sind wir sogar dazu gezwungen. Bei dieser Technik wird die Erde vor der Saat nicht umgegraben. Mit einer Harke bringt man ein wenig Luft in die Erde, indem man mit den Spitzen der Harke kleine Löcher in die Erde drückt. Dann bedeckt man die Erde mit Laub und Kompost und drückt die

Samen oder Setzlinge in diese neue Erdschicht. In einer anderen Version dieser Technik, die sich Hügelkultur nennt, wird Geäst mit Kompost bedeckt, sodass das Holz zu weicher Erde verarbeitet wird.

Beide Techniken setzen großes Vertrauen in die Natur voraus. Im Falle der Hügelkultur muss man zusätzlich geduldig sein. Es kann Jahre dauern, bis das Holz vollständig zersetzt ist. Auch, wenn du schon in der ersten Saison die Hügelkultur bepflanzen kannst, kann es sein, dass deine Pflanzen sterben, wenn die Chemie noch nicht ganz richtig ist. Ich habe mehrere Hügelkulturen ausprobiert und finde es schwer, geduldig zu sein. Ich wünschte, es ginge schneller. Aber immer, wenn ich mich dafür entscheide, die Hügelkultur woanders zu platzieren, oder aus purer Ungeduld die Äste aus der Erde ziehe, dann finde ich die lockerste und schönste Erde vor. Ich weiß also, dass es funktioniert. Jetzt muss ich es nur noch schaffen, geduldig genug zu sein. Ich muss mit meiner Erde genauso geduldig sein wie mit meinen Pflanzen.

EINEN LANGEN WEG GEHEN

Eine der besten Saisonen meines Gartens wuchs auf einem Schichtensystem. Im Herbst legten wir Karton auf den heißen, sandigen Untergrund unseres Gartens. Darüber verteilten wir gemähtes Gras und Laub, über das wir Blutmehl streuten. Darüber kam dann Kompost. Den ganzen Winter lang arbeitete dieses Schichtsystem und im Frühling pflanzte ich roten Mais, rote und violette Tomatillos und gelbe Birnentomaten an. Es wuchs ein richtiger Dschungel mit genug Tomatillos, um sie mit all unseren Nachbarn zu teilen, und genug grünen Tomaten, in die meine Tochter hineinbeißen konnte.

Seitdem arbeite ich nur mehr mit diesem Schichtsystem und belüfte vorher nur ein wenig die Tonerde darunter. Mit den neuen Hügelkultur-Beeten warte ich noch. Ich beschäftige mich anderweitig, sodass ich nicht an sie denke und den Prozess wieder störe. Ich will die Beete wieder versetzen und umgraben, aber ich weiß, dass ich warten muss. Die Entwicklung dieser

Erde braucht Zeit, dann Pilze, Wasser und Bakterien, und dann noch mehr Zeit.

Was meinen ungeduldigen Gedanken hilft, ist, in Zeitspannen zu denken. Mein Garten besteht jetzt nur aus Erde und Tomatenpflanzen, aber bald werden die Pflanzen Früchte tragen und meine Familie und ich werden sie essen können. Die Pflanzen werden anschließend Teil des Komposthaufens. Und dadurch werden sie zur Erde, die ihren Nachfolgern die Nährstoffe gibt, die sie brauchen. Was bleibt in einigen Jahren noch von dieser Tomatenpflanze übrig? Was bleibt von meinem Garten? In ein paar tausend Jahren sieht dieses Fleckchen Erde vielleicht gar nicht mehr wie ein Garten aus.

EIN STEIN IM FLUSS DER ZEIT

Als Gärtner bin ich ein Stein im Fluss der Zeit. Das Wasser fließt um mich herum, anstatt mich mitzureißen. Ich bin nur ein kleiner Teil des komplexen Gefüges, in dem Pilze Holz zu Erde verarbeiten,

Nematoden Erde in Nährstoffe verwandeln, Nährstoffe Samen zum Keimen bringen, das Sonnenlicht die Keime zum Blühen bringen und die Blüten zu Früchten werden.

Gärtner, die in ihrem Garten nicht umgraben, vertrauen diesem Fluss der Zeit. Und es macht die Gartenarbeit einfacher für uns. Wir nähren die Erde, anstatt sie unserem Willen zu unterwerfen. Wir werden ruhiger und hören auf die uralten Prozesse, die in unserer Erde stattfinden. Wir realisieren, dass die Erde lebt und Energie in unser Leben bring, dass wir diese Dynamik unterstützen müssen. Wenn wir Teil dieser Prozesse werden, dann wird unser Leben, aber auch unser Garten grundsätzlich verändert.

Permakulturen

Es gibt einige Gruppierungen in der Welt der Gärtner, die besonderen Wert auf die natürlichen Prozesse eines Gartens legen. Permakulturen, oder permanente Agrikultur, ist einer dieser ganzheitlichen Ansätze. Permakulturen bauen auf immerwährende Lebensmittelproduktion, die sich wenig auf die Erde auswirkt, sodass wir unsere Ernte immer teilen können. Dieser Ansatz geht vom Menschen als Teil der Erde aus und sieht, dass wir der Industrialisierung der Lebensmittelproduktion mit einem ganzheitlichen Ansatz entgegentreten müssen. Menschen und ihre Bedürfnisse können Teil der Lösung sein und nicht nur Teil des Problems. Tatsächlich arbeiten wir bei diesem Ansatz zusammen mit den Pflanzen, wir kultivieren zusammen Leben.

DIE PFLANZEN-GILDE

Eine der zentralen Ideen der Permakultur ist die Pflanzen-Gilde. In der Welt der Nicht-Gärtner ist eine Gilde eine Gruppe Menschen, die zusammenarbeiten, und sich gegenseitig unterstützen. In der Permakultur bedeutet Gilde, dass eine Zentral-Pflanze (für gewöhnlich ein Obstbaum) das Fundament für eine Gruppe verbundener Pflanzen bildet. Um den Stamm des Baumes herum wachsen Pflanzen in unterschiedlicher Höhe, die unterschiedliche Aufgaben haben. So wird ein Miniatur-Ökosystem gebaut, das eine langzeitliche Lebensmittelproduktion gewährleistet.

Dieses simple Konzept ist in mehreren Aspekten achtsam. Zuerst sehen wir ein dynamisches Ökosystem, und wie eine Gruppe Pflanzen mehr ist, als nur die Summe ihrer Einzelteile. Selbst, wenn du nur einen einzelnen Rosmarinstrauch in deiner Küche hast, hast du bemerkt, dass Gärtnern mehr bedeutet, als nur Pflanzen zu ziehen. Du formst eine Beziehung mit der Welt, indem du dich um die Pflanze kümmerst. Du gehst eine Verbindung mit dem Geflecht von Pflanze, Erde, Welt und dir selbst ein. Je mehr Pflanzen wir ziehen, desto komplexer wird dieses Gefüge. Beim Gärtnern ist Diversität genauso wichtig wie in der Welt allgemein. Pflanzen-Gilden nehmen dieses Konzept wahr.

Außerdem ist die Pflanzen-Gilde um eine langjährige Pflanze herum aufgebaut. Diese zentrale Pflanze produziert oft mehr Lebensmittel, als man alleine oder mit seiner Familie verarbeiten kann. Wenn du jemals einen Obstbaum im Garten hattest, dann weißt du, dass er so viele Früchte trägt, dass du sie mit deinen Nachbarn teilen kannst. Als ich noch ein Kind war, hatte mein Onkel zwei Apfelbäume. Jeden Herbst gab er eine Apfel-Pflück-Party, bei der sich alle Onkel trafen, viel tranken und Äpfel pflückten. Mein Onkel kletterte immer auf den Baum und schüttelte ihn, sodass viele Äpfel herunterfielen. Ich erinnere mich noch an das dumpfe Geräusch, das die Äpfel machten, als sie auf den Boden fielen. Für mich bedeuten Apfelbäume heute Familie, Gemeinschaft, Herbst und Most. Ein Obstbaum ist nicht nur ein Baum, sondern eine Gemeinschaft von Insekten, ein Zuhause für Vögel und ein Lebensmittelproduzent, der Familien zusammenbringt. Er ist das Zentrum der Pflanzen-Gilde einer Permakultur, weil er größer ist als die Pflanzen um ihn herum. Und weil er das Zentrum eines Gartens und einer Gemeinschaft ist.

Über den Baum hinaus finden wir noch weitere Beziehungen – zum Beispiel mit Erde, Regenwürmern, Pilzen und Nematoden. Wenn ich darüber nachdenke, wie groß dieses Gefüge von Pflanzen, Kreaturen und Erde ist, dann bin ich überwältigt. Jeder Baum wird so du einem Baum, unter dem man Erleuchtung erlangen kann.

VOM PROBLEM ZUR MÖGLICHKEIT

Und es gibt noch ein anderes Konzept der Achtsamkeit in der Permakultur. Dabei geht es um Problemlösung.

Wenn dein Garten zum Beispiel von Schnecken befallen ist, dann sieht die Permakultur dieses Problem als Möglichkeit, Enten in den Garten zu bringen, die die Schnecken fressen und Eier produzieren. In meinem eigenen Garten habe ich so viele Zaunwinden und anderes Unkraut, dass meine Pflanzen zu wenig Platz haben. Ich reiße es aus und mische es in meinen Kompost. So löse ich mein Problem und schaffe mir die Möglichkeit, meine Pflanzen zu düngen. Man muss achtsam sein, um diese Probleme als Möglichkeiten zu sehen. Man muss ruhig werden, ein paar Atemzüge nehmen und zuhören, was der Garten einem sagt. Beobachten und zuhören sind Wege zur Problemlösung.

Sowohl bei der Permakultur als auch beim achtsamen Gärtnern geht es darum, im großen Ganzen zu arbeiten. Dieses Ganze, dessen Teil wir sind, ist zu groß, um es zu verstehen. Wir können nur ein Moment in diesem Ganzen sein, unter einem Baum sitzen, atmen, und versuchen, uns dessen bewusst zu werden.

Die
Ernte

Die meisten Länder und Kulturen feiern Feste zu Ehren der Ernte und manche von ihnen feiern sogar Feste für einzelne Gemüsesorten. Im keltischen Kalender gibt es drei Erntedankfeste. In der nördlichen Hemisphäre gibt es eines im August, eines im September und ein letztes im Oktober. In der südlichen Hemisphäre feiert man im Februar, im März und im April. Das erste Fest heißt Lammas und feiert den Herbstbeginn. Es wird normalerweise am 1. August gefeiert, manche feiern aber auch, wenn die Beeren reif werden. Ich mag zweitere Version lieber, denn sie hält sich mehr an den Rhythmus der Erde. Dort, wo ich lebe, ist im August noch Hochsommer. Aber langsam beginnt die Erde, sich zu verändern. Ich kann fühlen, wie der Herbst sich nähert. Und wenn ich Glück habe, dann kann ich ein paar Beeren aus meinem Garten ernten. In meiner Kindheit war der August der Monat der Beeren. Wir ernteten so viele, wie wir nur konnten. Manchmal ernteten wir genug, um sie einzufrieren, sodass wir bis zum Frühling Beeren hatten.

Ich mag die Beerenernte besonders, denn sie erinnert uns daran, dass die Ernte in Phasen verläuft. Weizen, Beeren, Mais, Kürbisse und Kohl – die Ernte ist ein Parade, die sich über viele Monate hinzieht. Ich glaube, dass persönliche Erkenntnis sich da genauso verhält. Wenn ich beginne, etwas zu verstehen, dann denke ich darüber nach, entdecke noch weitere Aspekte, denke weiter darüber nach, und ernte die Erkenntnis. Oft weiß ich nicht, was ich ernten werde, selbst lange nach der Ernte. Genauso wie wir Früchte nicht ernten können, bevor sie reif sind, können wir Erkenntnis nicht ernten, bis sie bereit dazu ist.

ÜBERRASCHENDE ERNTE

Hast du jemals bemerkt, wie etwas in deinem Garten wächst, und du kannst dich nicht daran erinnern, es gepflanzt zu haben? Oder hast du vielleicht einmal Kürbisse angepflanzt und die Kürbisse, die schließlich wachsen, sehen der Art, die du gepflanzt hast, gar nicht ähnlich? Wir können dieser Überraschung achtsam begegnen und das, was wir bekommen mit Neugier erwarten. Vielleicht ist diese mysteriöse Pflanze genau das, was du schon immer haben wolltest, oder es stellt sich heraus, dass die Pflanze Unkraut ist. Der Kürbis ist vielleicht eine schmackhafte Hybridform oder das perfekte Futter für deine Hühner. Egal, was passiert, es ist in Ordnung.

Wir können uns unserer internen Ernte genauso nähern. Wir wissen oft nicht, wohin persönliche Erfahrungen und Entdeckungen führen. Oft verarbeiten wir ein Trauma oder entwickeln einen neuen Charakterzug, und das kann anstrengend sein. Wir erwarten von uns selbst, schnell zu wachsen, besser zu werden. Aus einer buddhistischen Perspektive heraus binden wir uns an unser ideales Selbst und glauben, dass es der Wahrheit entspricht. Tatsächlich sind wir aber eine Mischung aus mysteriösem Gemüse und Hauptgewinnen, und das ist in Ordnung. Achtsamkeit zeigt uns, dass das Jetzt real ist. Und dass wir eigentlich nicht wissen können, was real ist. Wir können nur in der Gegenwart leben, unseren Atem spüren, uns selbst erfahren. Der Garten lehrt uns, dass wir die Ernte nicht hetzen können. Wir können nur warten, bis die Früchte reif werden und sie mit einer Gießkanne dabei unterstützen.

Persönliche Ernte passiert einfach. Wir wässern die Pflanze ein wenig, düngen sie mit Kompost, aber wir müssen die Früchte nicht in ihre Existenz zwingen. Das können wir auch gar nicht. Die Früchte wachsen langsam und dann können wir sie ernten und uns ansehen, was wir haben. Wir sind dafür verantwortlich, uns um uns selbst zu kümmern und auf unsere Gesundheit zu achten. Dann werden wir von ganz alleine zu blühen beginnen, und schließlich ernten können.

LOSLASSEN

Die Erntezeit, egal ob man Kürbisse, Beeren oder persönliche Erkenntnisse erntet, ist eine Zeit, in der man auch loslassen muss. Um zu ernten, muss ein Teil der Pflanze sterben. Die meisten Erntedankfeste ehren dieses zweischneidige Schwert, Leben und Tod in einem endlosen Tanz. Wenn wir unsere persönlichen Erkenntnisse ernten, dann müssen wir und auch Zeit geben, einen alten Teil unseres Selbst loszulassen. Und dann, wenn wir unser altes Ich losgelassen haben, können wir die Früchte aufknacken, und die Samen der Zukunft ernten. Das ist die Ernte: Wir lassen die Vergangenheit gehen und freuen uns auf die Zukunft.

Der Garten in der **kalten Jahreszeit**

Vielleicht teilst du dieses Bedürfnis, immer zu gärtnern, mit mir. Dort, wo ich lebe, bedeutet das, dass ich mich von November bis März nutzlos fühle. Deshalb pflanze ich im Herbst unter einer kleinen Plastikhaube, einem Polytunnel, winterharte Pflanzen an. Ich verpasse manchmal den richtigen Zeitpunkt, denn die Hitze im frühen Herbst kann winterhartem Spinat schaden und manchmal erfrieren mir Pflanzen doch. Aber wenn ich alles richtig mache, dann werde ich mit dem unglaublichen Triumph belohnt, im Winter Spinat zu ernten.

Die Ernte aus einem Polytunnel ist anders als die Lebensmittel aus dem Supermarkt und sogar anders als die Ernte im Sommer. Wintergemüse ist hartnäckig.

Seine Zellwände sind stark genug, um einfrieren und wieder auftauen zu können, ohne Schaden zu nehmen. Seine Wurzeln wachsen in der gefrorenen Erde besonders kräftig. Die Blätter sind dunkelgrün und tendieren dazu, sehr klein, aber sehr dick zu werden. Sie sind so, wie ich mich im Winter fühle, nämlich unbeugsam, verwurzelt, und den Frühling abwartend.

Ein Garten in der kalten Jahreszeit widersetzt sich dem stillen, ruhigen Winter. Mit ein wenig Schutz und Hilfe kann Leben entstehen. Manchmal sind wir wie Löwenzahn, der am Gehsteigrand wächst, und nichts kann uns aufhalten. Wir sind ungeschliffene Diamanten. Aber wenn wir keine Unterstützung finden, dann hören wir auf zu wachsen und verwelken. Wir brauchen eine freundliche Seele, die uns Wasser bringt und uns bestärkt. Wir sind doch eher wie zarte Stauden, weniger wie Löwenzahn. Wenn unsere Bedürfnisse gehört und respektiert werden, dann können wir aufblühen.

EIN TUNNEL DES LEBENS

Beizeiten fühlt es sich so an, als sei unsere Erde gefroren und ohne Nährstoffe. Ich habe das erlebt, als meine Kinder größer wurden. Ich überlegte, was meine nächsten Schritte sein würden, jetzt, wo meine Kinder nicht mehr rund um die Uhr auf mich angewiesen waren. Anfangs wollte ich eine Ausbildung zur Lehrerin machen, aber ich wollte meine Arbeit als Energieheilerin und Massagetherapeutin nicht zurücklassen. Aber als Heilerin war ich auch nicht glücklich. Ich fühlte mich wie ein Topf, der zu klein für seinen Wurzelballen ist. Und dann wurde mir angeboten, einen Tag lang zu unterrichten, und diese Erfahrung zeigte mir, wie sehr ich es liebe, anderen Menschen etwas beizubringen. Ich brauchte nur diesen kleinen Anstoß, um auf den richtigen Pfad zu gelangen.

Ich vermische hier Metaphern, wenn ich von Topfpflanzen und Polytunneln spreche. Worum es mir geht, ist, dass wir manchmal den richtigen Boden unter uns brauchen, um wachsen zu können. Gärtnern, egal in welcher Jahreszeit, erinnert uns daran, dass der Funke in uns allen lebt, aber dass wir manchmal den richtigen Anruf, die richtige Bitte oder die richtige Unterstützung brauchen, damit er überspringt. Wenn die Zeit reif ist, dann blühen wir.

Einmal, im Herbst, pflanzte ich Spinat in meinem Polytunnel an. Er trug kaum Blätter, und ich war enttäuscht. Aber im Frühling kam er wieder und blühte auf. Im April, wenn Spinat ohne Abdeckung gepflanzt werden kann, hatte ich einen richtigen Spinat-Dschungel. Ich verteilte ihn an all meine Freunde. Mit ein bisschen Schutz konnte mein Spinat aufblühen, als das Licht und die Temperaturen stimmten. Dasselbe gilt für meinen Beruf als Lehrerin. Der Weg, den ich ging, war nicht immer leicht, aber er fühlte sich richtig an. Und ich fand den richtigen Boden erst, als ich mein halbes Leben hinter mir hatte. Und als alles stimmte, war ich wie dieser Spinat, und ich konnte aufblühen und meine Liebe und meine Fähigkeiten mit anderen teilen.

Wartet auch etwas unter deinem Polytunnel? Wie kannst du dieses Etwas unterstützen? Es gibt immer Wachstum und Leben, selbst in der düsteren Kälte des Winters.

Wenn du nicht weißt, was aus dir wachsen könnte, dann höre zuerst auf die Stille des Polytunnels. Höre auf die Ruhe und die Stille. Versuche nicht, zu kontrollieren oder etwas zu erzwingen, sondern höre einfach zu. In Ruhe und Stille hören wir manchmal, was wir hören müssen, um uns selbst zu finden. Dann müssen wir auf den richtigen Zeitpunkt warten.

Der Garten **im Schnee**

Unter der Schneedecke liegt ein Smaragddrache, ihr Atem langsam, aber beständig. Er schimmert wie ein Irrlicht, gerade noch in deinem Augenwinkel. Wir Gärtner hören seine Stimme in unseren Träumen, wie er uns Versprechen ins Ohr flüstert, was das Land in den nächsten Monaten bringen kann, wenn er aus seinem Winterschlaf erwacht. Er ist der Puls des Lebens, schlummernd im Bauch der Erde. Wir wissen, dass er zur rechten Zeit erwachen wird. Aber bis dahin müssen wir sein Reich aus unseren Häusern heraus betrachten, eine Tasse heißen Tee in unseren Händen, und warten. Der Garten unter der Schneedecke ist der Garten der Gedanken und Träume, Ideen und Pläne,

Steine und Wurzeln. Er zwingt uns dazu, ruhig zu werden, es uns gemütlich zu machen und zu atmen. Der Garten im Winter bedeutet, auf das Beste zu hoffen. Wir träumen von einem Garten voller saftiger Tomaten und riesigem Brokkoli, den wir noch nicht gepflanzt haben. Trotzdem schmecken wir unsere Ernte beinahe. Er ist der Garten der Pläne: Im Winter durchblättern wir Samenkataloge, nehmen uns vor, im Frühling etwas Neues anzupflanzen. Wir planen im Geiste schon, wo wir die Karotten anpflanzen werden, wo die Veilchen wachsen sollen – vielleicht unter der Tanne? Wir schleichen durch die Träume des Drachen und fragen ihn, ob er vielleicht ein Plätzchen für einen Apfelbaum findet.

Dieser Garten im Winter, der Garten der Träume und Pläne, ist genauso real, wie ein grüner, wachsender Garten. Ein Grundriss ist nicht weniger als ein Haus. Ein Heiratsversprechen ist realer als ein Ring. Wenn wir unsere Finger über die Seiten des Samenkataloges gleiten lassen, all die Farben, die wir anpflanzen wollen, bewundernd, dann pflanzen wir die Samen in unseren Gedanken schon in unserem Garten. Samen der Versprechung und der Träume. Wenn du jemals einen Traum hattest, und ihm gefolgt bist, dann weißt du, wie mächtig diese Samen der Gedanken sein können. Auch das bedeutet gärtnern.

DAS SKELETT DES GARTENS

Der Garten ist im Winter bedeckt mit Schnee. Er gibt uns die Möglichkeit, die langsam durch ihn ziehende Energie zu beobachten. Wir glauben oft, dass der Garten nur aus seinen Pflanzen und Früchten besteht, aber wenn ich im Winter aus dem Fenster schaue, dann sehe ich Holz und Geäst, Steine und Erde. Der schneebedeckte Garten gibt uns die Möglichkeit, nicht nur zu träumen und zu planen, wir sehen den Garten auch in einem neuen Licht. Wir sehen das Skelett unseres Gartens. Das kann uns eine neue Perspektive eröffnen, die wir in unsere Pläne miteinbeziehen können. Was sagen dir die Steine und Pfade, die vereiste Gartenlaube und das leer stehende Vogelhäuschen? Kannst du sehen, wie die Energie durch deinen Garten zieht, und zuhören, was dir das Skelett deines Gartens zu sagen hat? Dieser immerwährende Garten ist das Behältnis deiner Pflanzen, wenn sie im Frühjahr zu blühen beginnen. Der Winter ist wie eine leere Bühne. Wir können uns das Schauspiel des Frühlings vorstellen, die Tänze der Bienen. Auch das ist Gärtnern.

Etwas lebhafter als Steine, aber während des Winters genauso still sind die Wurzeln von winterharten Pflanzen, die unter der Erde ausharren. Im Herbst zieht eine Pflanze Zucker aus ihren Blättern und lagert ihn in den Wurzeln. Diese Speisekammern unter der Erde stellen sicher, dass die Pflanze im Frühjahr, wenn das Wasser schmilzt, wieder aufblühen kann. Und auch das ist Gärtnern.

DAS RAD DER ZEIT

Wenn das Rad der Zeit sich dreht, wandern wir durch die Jahreszeiten und alle Arten von Wetter. Wir wachsen zusammen mit dem Garten. Im Winter haben wir das Gefühl, warten zu müssen. Die Zeit scheint stillzustehen. Wenn wir uns in Achtsamkeit üben, kennen wir diese Stille. Wir atmen in ihr und werden Zeugen, wie die Zeit sie verändert. Das Rad der Zeit dreht sich weiter, und der Gärtner weiß, dass er nicht mehr lange von seinem Paradies träumen muss. Wir stecken all unsere Erwartungen in den Garten und schreiten mit der Zeit voran, bis wir uns wieder ans Werk machen können. Wir finden uns selbst, wenn wir Mitgefühl und Verständnis zeigen. Wir spüren, wie wir mit unseren Pflanzen wachsen. Wir sitzen in der Stille mit dem Versprechen und der Hoffnung, dass der Frühling bald kommt.

DANKSAGUNG

Mein herzlichstes Dankeschön an Tony, Sophie und Harper, weil ihr mir geholfen habt, den Garten meines Lebens zu pflegen. Danke auch an meine unglaublich unterstützende Gemeinschaft für alles, was ihr mir gegeben habt. Ich hoffe, dass wir der Welt Liebe und Licht bringen können und unser Geist in allem wohnt, was wir tun.